ブライダル・ホスピタリティ・マネジメント

徳江順一郎 [編著]

遠山詳胡子
野田兼義 [著]
森下恵子

創 成 社

はしがき

　2011（平成23）年3月11日にわが国を襲った「東日本大震災」は，まさに未曾有の被害をもたらし，この国の現在だけでなく将来にわたって甚大な影響を及ぼすこととなった。また，その後に続く東京電力福島第一原子力発電所の事故は，先行きに対する見通しをさらに不透明なものにした。本書は，ブライダルという「慶事」について考察するものであるが，その前提として，まずは犠牲者の方々に哀悼の意を表し，そして今も避難生活を強いられている方々に，心よりお見舞いの気持ちをお伝えしたい。

　実はブライダル業界においても，震災直後は「自粛ムード」や交通事情の悪化によって，挙式・披露宴のキャンセルが相次いだ。「八芳園」では，3月下旬に予定されていた挙式約100件のうち，3月中旬時点で約3割が日程変更を申し出たという。「椿山荘」を運営する藤田観光にも，地震発生後の12日，13日の週末に延期やキャンセルの連絡が入ったとのことである。「ワタベウェディング」では，地震による取り消しはキャンセル料を請求しないことを同社のホームページに掲載したが，やはり3月中旬までに約30件のキャンセルと延期を受け付けたという。同社が手がける挙式は，沖縄や海外のリゾート地が多いが，「『列席者に配慮して』という方が多い」（同社）とのことであった。「ベストブライダル」でも式場がある東京のお台場の商業施設が安全確認のため営業を見合わせたほか，「Plan・Do・See（プラン・ドゥ・シー）」でも，「1店舗当たり数件，変更などの連絡が来ている」といい，関西地方でも影響が出ているようだ。

　一方で，こうした大災害を経て，結婚に踏み切る決断をしたカップルも多いという。上記のように2011年3月中には大きな影響があり，キャン

セルも相次いだのであるが，その後はむしろ増加基調にある。「帝国ホテル東京」では，毎年5月に開催しているウエディング・フェアの来場者数が，2011年は前年を10％上回った。ブライダル・ジュエリーにおいても，米国に本拠を置く宝飾大手の「ティファニー」で売上が増加し，インターネットでも，楽天市場では2011年4月の売上が前年同月比40％増で，同月の下旬に限れば2倍超にまで膨らんでいるという。

結婚情報紹介サービス事業においては，「オーネット」では2011年4月の資料請求数が前年同月比14％増，中でも関東と首都圏の女性は24％増で，特に20代女性の問い合わせが目立ったとのことである。結婚が成立して退会する人数は，3月には前年同月比20％増で，首都圏に限れば女性が63％，男性が44％の大幅増となった。首都圏を中心として結婚を意識する人が増えた様子がうかがえる。

この状況は，「社会的不確実性」が高くなればなるほど，その低減のための関係構築を人間は図ろうとする，という関係性マネジメントの知見とも整合する。実際，他にも，「家族の絆」が強くなったケースが見受けられるなどしたようである。『東京新聞2011年6月18日 夕刊』では，西武百貨店における父の日関連消費の増加について述べられている。百貨店は震災後，売上が下落したが，父の日関連消費については好調であった。

このように，大災害の発生によって結婚に関係する諸現象にも変化が生じ始めており，この変化の方向性は，さらに大きくなることも予想されよう。結婚とは，われわれの一生のうちで最も大きなイベントの1つであることに異存のある人はいないだろう。それまで過ごしてきた「家」とは異なる新しい「家」が誕生し，さらには将来的には新しい家族が増えるための重要なポイントであるともいえる。すなわち，人類の永続のためにはなくてはならないセレモニーという側面も有している。

実際，社会科学諸分野の研究においても，この結婚に関係する事象についてさまざまな角度からアプローチがなされてきた。Lévi-Straussや

Mauss は構造主義学派の立場から，集団間における婚姻の役割を，安定した集団間関係の形成を可能とする要因であると分析している。

　こうした社会的側面のみならず，個人的な消費という側面から見ても，結婚は非常に興味深いものである。結婚とは，個人が主役になれる数少ない一大イベントである。そのために，個人が一生のうちに行う「消えモノ」の消費の中では最も高価なものの1つとなっている。

　本書では，こうした結婚に関連する「ブライダル」とそれを取り巻く「ブライダル市場」の近年の状況と，そこで考慮すべきホスピタリティについて考察する。

2014年8月

執筆者一同

目　次

はしがき

第1章　ブライダルを取り巻く環境 ―― 1
　1．少子化と晩婚化・非婚化 ……………………………… 1
　2．ブライダル市場の変化 ………………………………… 6

第2章　ブライダルの歴史 ―― 11
　1．結婚に際しての儀式 …………………………………… 11
　2．明治から第二次世界大戦までの結婚式 ……………… 13
　3．戦後の発展 ……………………………………………… 17
　4．ブライダルの概観 ……………………………………… 22

第3章　市場構造 ―― 23
　1．ブライダルに関係する市場 …………………………… 23
　2．ブライダル関連市場の分類 …………………………… 26

第4章　プレブライダル市場 ―― 31
　1．プレブライダル市場とは ……………………………… 31
　2．結婚情報サービス ……………………………………… 31
　3．エージェント …………………………………………… 33
　4．婚約記念品とブライダル・ジュエリー ……………… 34
　5．結納について …………………………………………… 38

第5章 セレモニー・ブライダル市場 ─── 41
1．セレモニー・ブライダル市場とは ……………… 41
2．挙式・披露宴会場 ……………………………… 41
3．セレモニー・ブライダル市場の変化 …………… 47
4．セレモニー・ブライダルに関わる職種 ………… 61

第6章 海外への展開 ─── 65
1．海外ウエディングとは ………………………… 65
2．海外ウエディングを取り巻く環境 ……………… 77
3．海外ウエディングの今後 ……………………… 81

第7章 ブライダルにおける諸業務 ─── 87
1．ブライダルという商品特性 …………………… 87
2．ブライダル企業の組織構成 …………………… 88
3．ブライダル営業の区分 ………………………… 90
4．プランナーの存在 ……………………………… 91
5．プランナーに必要とされる要素 ……………… 95
6．ブライダル企業における営業の位置づけ ……… 98
7．ブライダル集客営業の現状と問題点 …………… 99

第8章 ブライダル・プロモーション ─── 101
1．ブライダルにおけるコミュニケーション戦略の概略 ……… 101
2．フェアにおけるプランナーの前提 ……………… 105
3．パートナーとの関係性 ………………………… 108
4．来館者が増えるフェアの法則 …………………… 109
5．フェアに関連するアイデア ……………………… 112
6．フェアの注意点とまとめ ……………………… 114

第9章　トライアド・モデルでとらえるブライダル ─── 116
1．複雑な主体間関係……………………………………… 116
2．セレモニー・ブライダルにおける関係性マネジメント…… 118

あとがき　125
主要参考文献　127
索　　引　130

第1章
ブライダルを取り巻く環境

1. 少子化と晩婚化・非婚化

　ブライダルの市場を考察する前提として，ブライダル市場を取り巻く環境についてまとめておきたい。

　ブライダル関連ビジネスに直接的な影響を及ぼす要因として，婚姻組数が挙げられよう。そもそも結婚してくれるカップルが存在しなければ，ブライダル・ビジネスの成り立ちようがない。最近のわが国では「少子化」が進んでしまい，そのためもあって「晩婚化」や「非婚化」が進んでいると言われるが，はたしてその通りなのであろうか。

　第二次世界大戦が終結して平和な時代がやってきたことにともない，1947年（昭和22年）頃から1949年（昭和24年）頃にかけて第一次ベビーブームが起きることになる。そして，この一群を「団塊の世代」と呼ぶが，この世代が結婚適齢期を迎えた頃，すなわち1971年（昭和46年）頃から1974年（昭和49年）頃にかけて第二次ベビーブームが起こり，この一群は「団塊ジュニア」などと呼ばれたりもする。

　厚生労働省による人口動態統計をみると，興味深い情報が明らかになる。図表1－1は，1899年からこんにちに至るまでの出生数と出生率とを示している。第一次ベビーブームは，1900年代を通じた出生率（約30％台半ば）とほとんど変わっておらず，それ以前の出生数の伸びの延長線上にある（やや多かったのは確かであるが）。ただし，なぜベビーブームといわれ

図表1-1　出生数と出生率

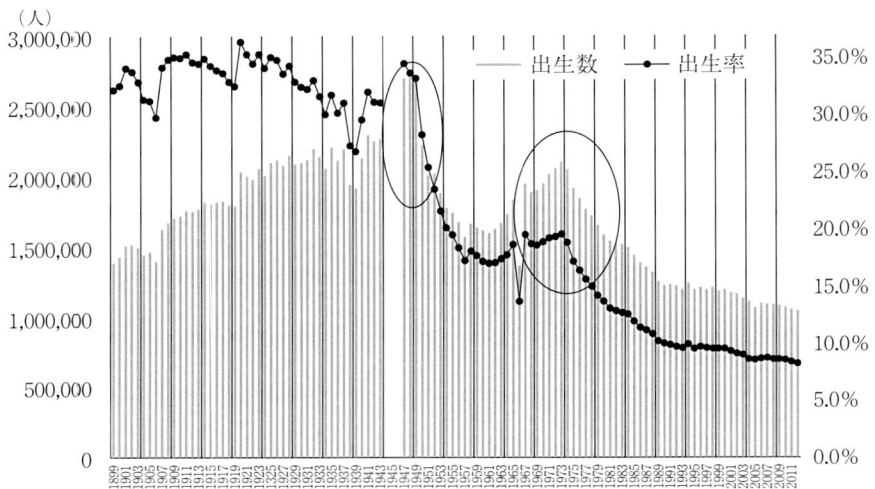

※1944年～1946年のデータは欠損。
出所：厚生労働省人口動態調査（各年度）より。

るようになったかといえば、その後に出生数、出生率ともに急激に落ち込んだからである。

　1949年（昭和24年）の出生数は269万6,638人で、記録のあるうちで最多である。その後は出生率にして20％前後にまで落ちたところで下げ止まり、この状態が第二次ベビーブームまで続く。第二次ベビーブームの1970年代前半では、1973年（昭和48年）の出生数が209万1,983人でピークとなったが、この数字自体は第二次世界大戦前と変わらない。その後は出生数も率も減少の一途をたどり、2012年（平成24年）にはそれぞれ103万7,231人、8.2％にまで落ち込んでいる。

　次に婚姻件数と婚姻率についてみてみよう。婚姻件数は、1972年（昭和47年）に過去最高の1,099,984組を記録したが、30年後の2012年（平成24年）は668,869組となっている。確かにピークからすると4割も減少し

第1章　ブライダルを取り巻く環境　◎── 3

図表1－2　婚姻件数と婚姻率の推移（1947年～2013年）

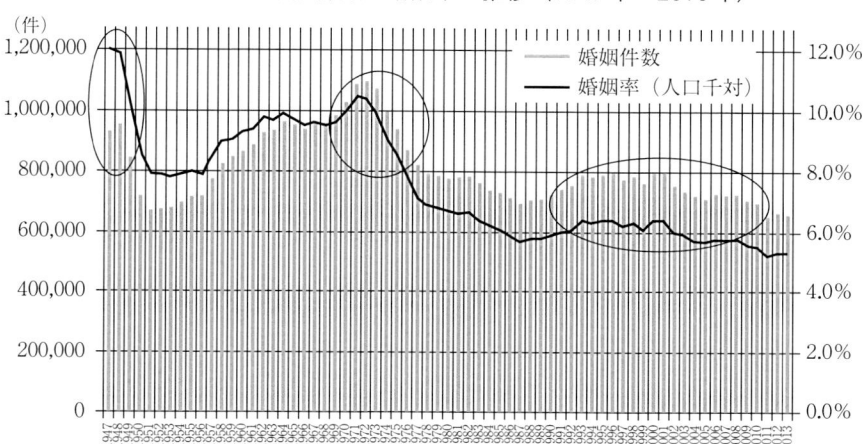

出所：厚生労働省人口動態調査（各年度）より。

ているわけであるが，この数字自体は1950年代前半（昭和20年代後半）と大差はない。そこで，人口対比も加味した婚姻率で見てみよう。婚姻率（人口千対）は，1947年（昭和22年）の12.0％を最高に，1950年代前半（昭和20年代後半）にかけて減少したが，1950年代後半（昭和30年代）から1970年代前半（昭和40年代）にかけてはいったん上昇した。その後，一時期を除き全体としては緩やかに下降し，2012年（平成24年）には5.3％となっている（図表1－2）。

　ここで，婚姻率が最高だった①1947年（昭和22年）前後と婚姻件数が最高だった②1972年（昭和47年）前後に，四半世紀をおいて2つの波が生じていることがすぐにわかる。つまり①の婚姻にともなって生まれた「団塊の世代」が，②の頃に結婚適齢期を迎えたということが推測できる。しかし，それにともなって生まれた「団塊ジュニア」の世代の波が，このサイクルでいえば③1997年（平成9年）頃以降に来るはずであったが，やや増加した程度で終わってしまっており，かつその「やや増加」が，1990

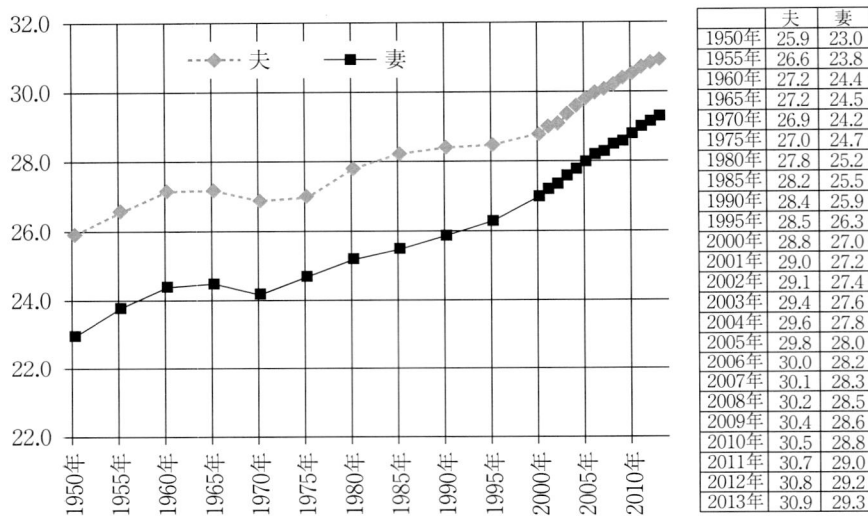

図表1－3　初婚年齢の推移（1950年～2013年）

出所：厚生省人口動態調査（各年度）より（2000年以前は5年ごと）。

年代（平成に入ってからの最初の10年強）を通じて長く続いたことが理解できよう。

　このことから，非婚化の可能性もうかがえる一方で，晩婚化の可能性が垣間見える。そこで次に初婚年齢について調べたところ，図表1－3のようになった。

　1950年（昭和25年）には夫25.9歳，妻23.0歳であったのが，2013年（平成25年）には妻が29.3歳と6歳以上遅くなり，夫も5歳遅くなり30.9歳となっている。興味深いのは，夫は1985年（昭和60年）が28.2歳，1990年（平成2年）が28.4歳，そして1995年（平成7年）の28.5歳を経て2000年（平成12年）も28.8歳と，1985年から1990年代にかけては28歳台半ばで大きな変化が生じずに微増で推移していたのに対し，妻は1985年（昭和60年）が25.5歳，1990年（平成2年）が25.9歳，そして1995年

（平成7年）の26.3歳を経て2000年（平成12年）には27.0歳と，着実に上昇を続けている点である。

　こうした現状をもたらした要因の1つになると思われるデータがある。女性の平均勤続年数は，1984年（昭和59年）には6.5年だったのだが，1994年（平成6年）には7.6年，2004年（平成16年）には9.0年，2009年（平成21年）には9.4年と着実に長くなっている（厚生労働省「賃金構造基本統計調査」（昭和59，平成6，16，21年）より）。

　このことは，それまで多くの女性が仕事を結婚までの「腰掛け」的にとらえていた状況から，1986年（昭和61年）における男女雇用機会均等法の改正を経て，1990年代に続々と社会進出をし，仕事そのものを目標として就職するように変化していったことも影響していよう。男性と同等に，あるいはそれ以上に責任のある仕事をし，報酬もそれにともなって上昇していった。また，こうした環境の変化と相まって，結婚の目的が「子供を作り育てるために新たな家庭を築く」ことから多様化していったといえるだろう。当時流行した表現に，結婚相手に求める「3高」（高身長，高学歴，高収入）や"DINKS"（Double Income No KidS）といったものがあったことを思い出して欲しい。

　夫は2000年代に入ってから再び着実に高年齢化をしはじめ，2006年度からはついに30歳台へと突入してしまっている。女性も同様で，2005年度からは28歳台となった。明らかに晩婚化が進んでいることがうかがえる。

　ただし，結婚するとしても，挙式や披露宴を行わないというカップルも増加している。ちょっと前のデータとなるが，2005年（平成17年）の経済産業省「特定サービス産業実態調査」（全国の結婚式場2,826ヵ所が対象）によると，同年の年間挙式・披露宴実施件数は351,055件であった。婚姻届出件数は714,265件あったので，挙式・披露宴を実施しているカップルは，婚姻届出数に対して約半分でしかない。

　一方で，婚姻件数に対する再婚の割合は年々上昇しており，いまや少な

図表1－4　年次別婚姻件数に対する再婚の割合

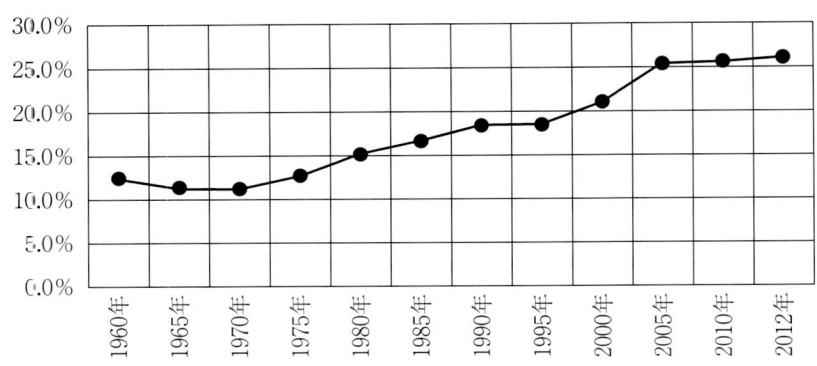

出所：厚生労働省『人口動態統計』より。

くとも片方が再婚であるのは約4分の1となっている（図表1－4）。この層も，ブライダル業界にとってはこれまでとは異なる対応が求められる市場であるととらえられよう。

2．ブライダル市場の変化

　これまで述べてきたことを踏まえると，ブライダル市場に関して，以下のような変化のプロセスを経たことが想像できるだろう。
　第二次世界大戦前まではともかく，戦後，わが国の経済成長とともにブライダルに関係する諸事業が成長をしはじめ，団塊の世代が結婚した1970年代初頭まで，市場拡大とともに業界も伸びていった。婚姻組数でみると，1951年（昭和26年）には671,905組のみであったが，約20年後の1972年（昭和47年）には1,099,984組もが結婚し，それまでほぼ右肩上がりで成長していったのである。
　そして今度は，1987年（昭和62年）の696,173組までの15年間，減少

の一途をたどることになる。

　婚姻件数の減少は，ブライダル関連市場における売上の減少に直結する。しかしながらもちろん，少子化や晩婚化，そして非婚化といったマクロ・マーケットの環境変化に対しては，それぞれの企業が対応することは困難である。

　1970年代（昭和40年代後半）のピーク時以降の婚姻組数急減は，ブライダル産業にも大きな影響を及ぼした。この時期には需要そのものの減退の影響で，苦しい経営を続けていた企業も多いという。関連して，1980年（昭和55年）頃には，特に挙式・披露宴の市場における競争がきわめて激しくなった影響で，「エージェント」と呼ばれる新郎新婦に挙式・披露宴会場を紹介するような仲介・斡旋業者も急成長している[1]。

　このようなプロセスにおいて，挙式・披露宴会場の主役もどんどんと変化していった。かつては専門式場といわれる，挙式と披露宴を専門的に取り扱う企業がこのビジネスでは主役であった。一生に一度のハレ舞台ということで，思いきった費用をかけて行いたいと皆が考え，さまざまな演出が行われるようになっていた。しかし，誰もがその費用をまかなえるわけではない。そこで登場してきたのが「互助会」といわれる組織である。

　互助会とは，人生の節目となる儀式のために，組織構成員が会員などとなって会費の積み立てを行い，実際にその節目の儀式の際には積み立てた会費を取り崩して残金のみ支払えばいいというスタイルで事業展開がなされているものである。会員側からすれば，事前に少しずつ積み立てを行うことで，一気に大きな金額の支出を求められるリスクを回避することが可能である一方，企業側からすれば施設維持などの固定費にかかる費用について，事前に会員から資金調達ができるというメリットがあった。そのために，特にまだ日本は経済的に豊かではなかったが，需要が増加基調にある時代に伸びた業種でもあった。

　それが，挙式や披露宴に対する需要構造の多様化にともなって，だんだ

んとホテルのようにさまざまなスタイルに対応可能な企業が主役の座に就くようになっていったのである。時代的に，わが国にホテルが増加していったタイミングであったことも，このことに拍車をかけたといえるだろう。

　1990年前後に婚姻数の減少はストップしたが，今度は1990年代のバブル崩壊後における経済状況の悪化にともなって，「ジミ婚」といわれる婚姻スタイルが増加することになってしまった。つまり，挙式や披露宴を行わないか，やったとしてもごく少数の人々だけで行われるような方向が志向されるようになっていった。こうなってしまうと，そもそも「業界」としてのブライダル産業の存在意義さえ問われかねない状況におかれることになってしまう。つまり，ブライダルに関係する諸事業が必要とされなくなってしまっては，業界そのものが崩壊せざるをえなくなるのである。

　このように，ブライダル業界は1970年代から2000年前後まで，件数そのものの減少と，単価の減少というダブルのマイナス要因にさいなまれてきた業界であるといえよう。

　しかし，2000年代に入ると，業界として眺めた場合，今度は「攻め」に転じたようにも見受けられる。実際，ブライダルに関連する支出の一部は大きく増加している。例えば，ここ10年間の挙式・披露宴総額の推移をみてみると，きわめて大きく増加したことに驚かされる（図表１－５）。2003年（平成15年）には挙式と披露宴を含めたセレモニー・ブライダルの総額は260万円強であったのが，2011年（平成23年）には350万円以上にまで上昇している。この10年間で100万円近く，率にして実に３割以上も金額が上昇しているのである。

　ブライダル・ビジネスにおいて中核といえる挙式・披露宴が，この時期にこれほど金額の変化が生じていることは注目に値する。１つには，前述したとおり，晩婚化にともなって新郎・新婦の可処分所得が増加したことも大きいだろう。20代半ばと30代とでは，結婚にかけられる費用がかなり異なるであろうことは想像に難くない。しかしながら，単に需要側の要

図表1-5 挙式・披露宴総額の推移（単位：万円）

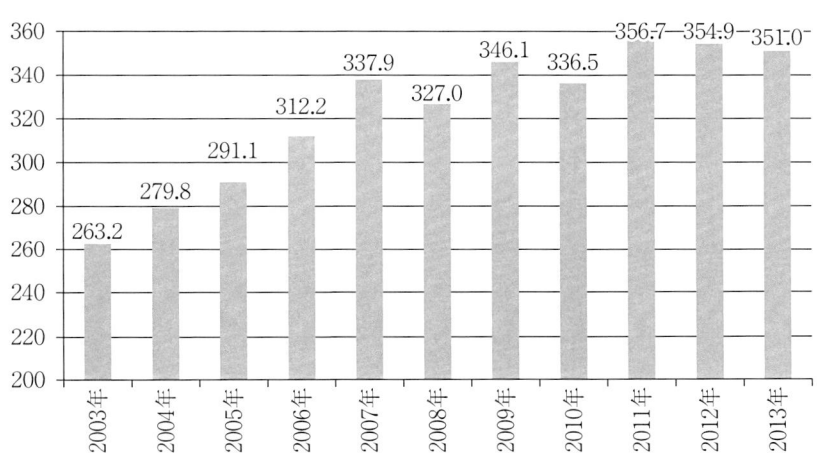

出所：『ゼクシィ 結婚トレンド調査（各年度）首都圏』より著者作成。

因だけではこの単価増について説明しきれない。ブライダルに関係する市場は挙式・披露宴のみならず，結婚前の諸儀式やハネムーンなど，さまざまなものが存在するため，そちらに流れることも想像できるからである。

ところが，例えばハネムーンに関しては，図表1-6のように，この10年間での変化はそれほど大きくない。確かに，増加傾向にあるといえないこともないが，挙式・披露宴の総額ほどの増加はない。

ハネムーンの単価の上昇は，ブライダル業界というよりもむしろ，旅行業界や交通事業者の努力に拠るところが大きいと考えられる。つまり，ブライダルという社会的儀式に特有の市場構造というわけではなく，他の市場セグメントにも適用可能なパーツを一部組み替えて，ブライダル向けの商品として提供しているということである。これに対して，挙式や披露宴はまさにブライダルに固有の市場であり，一部のレストラン・ウエディングを行っている施設などを除けば，ブライダル以外のビジネスの機会がき

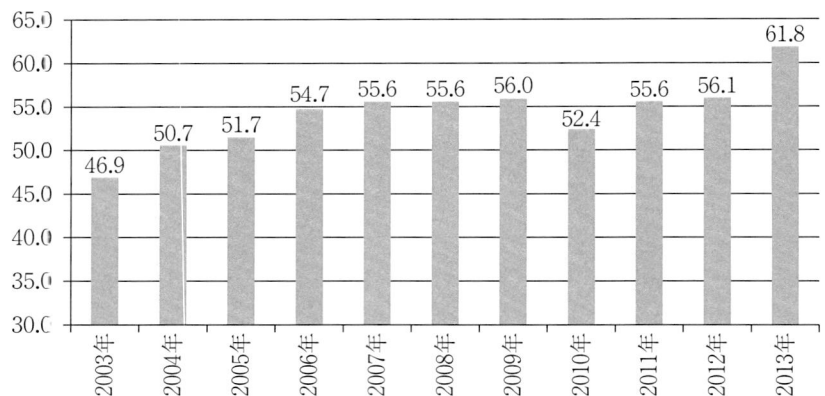

図表1-6　ハネムーン費用の推移（単位：万円）

※お土産代を除く2人分の旅行費用
出所：『ゼクシィ 結婚トレンド調査（各年度）首都圏』より著者作成。

わめて少ないのが現実である。

　すなわち，挙式・披露宴を中心とする，ブライダル固有の市場を持つ事業者が，2000年代に入ってから大きな単価上昇を実現したのは確かなのである。このことは，ブライダル業界特有のビジネス・モデルにも要因がある。

　こうした点も含めて，以下，関連する諸事業の概況を踏まえて考察していく。

（徳江順一郎）

【注】
1）『'81ブライダルマーケットの現状分析と将来性～結婚式場マーケットの地域分析～』矢野経済研究所，p.1.

第2章

ブライダルの歴史

1．結婚に際しての儀式

　結婚という社会的行為が，いつからビジネスとして確立していったのかについては諸説ある。

　新しい夫婦としての一歩を踏み出す儀式は，いにしえから世界中で行われてきている。そのスタイルに関しては，それぞれの文化的，社会的，そして宗教的背景などによって多様であることは想像に難くない。

　わが国では，平安時代中期頃から古来の先例にもとづいた形で，有職故実として知の体系化が進められるようになっていったが，その中にさまざまな儀礼も含まれていた。平安時代においてはまつりごととの関連が強く，公家故実としての体系化がなされていたが，鎌倉時代という武士の時代においては軍事にまつわる儀式も含まれるようになり，武家故実としての体系化も図られるようになっていった。武家故実のうちで，幕府や目上の者に対する儀礼や作法に関する規範が，公家故実と融合しつつ礼法として体系化されていくことになる。

　婚礼に関わる儀式については室町時代頃に確立されたといわれており，その指南役となったのは，現在でも礼法で有名な小笠原家であったという[1]。ただし，あとで詳しく説明するが，これはあくまで結婚そのものに関する儀式というよりもむしろ，それを披露する宴席に関わるものが中心であった。なお，小笠原家は甲斐源氏の流れを汲んでおり，治承・寿永の乱

（源平合戦）において戦功をあげた加賀美次郎遠光とその子の小笠原長清（『平家物語』において「加賀美小次郎遠光」と記述されている）が，所領の甲斐国小笠原にちなんで称したところからはじまっている。

　鎌倉時代から江戸時代にかけて，小笠原家はいくつかの系統に分かれるが，さまざまな儀式における礼法は徳川幕府も重視することになった。そのため，江戸時代頃には，披露宴的なものが武家社会においてある程度の広まりを見せたが，一部の有力商人を除いて「一定の形」が一般に広まるには至らなかった。なぜなら，公家からの流れを受け継ぐ宴席の作法は，きわめて厳格なものであったからである。そのため，明治時代以降，近代国家としての歩みを進める中で徐々に一般に広がっていくことになる。

　それでは，江戸時代までの結婚とはどのようにしてなされてきたのであろうか。

　大前提として，以下の点を確認しておきたい。

■ブライダル産業を考えるうえでのポイント■
　結婚そのものに関わる儀式である挙式（結婚式を行うこと）と，それを周囲の人たちに披露する披露宴とに分けて考える

　まず，挙式について考えてみよう。現代の感覚からすると，神前式の結婚式が伝統的なものと思われるかもしれないが，これは必ずしも正しくはない。わが国ではながいこと，基本的には「結婚」という「行為」に関する儀式は特になく，「事実上，婚姻状態となったあと」に，親類縁者や近隣に対して行われる「披露宴」的儀式が結婚を象徴する中心的な存在であった。

　現在では「嫁入り」という言葉が一般に用いられているが，かつては「婿入り」が一般的であった時代もある。新郎にあたる側が一定の日数，新婦にあたる側に通うことで事実上の婚姻が成立し，その事実を周囲に披

露するために披露宴を行っていた。嫁入りが主流になってからも，事実上の婚姻が整ってから，それを披露するための儀式としての披露宴という存在には変化がない。

　すなわち，結婚そのものに関しての儀式として結婚式を行うというのは必ずしも一般的ではなく，特に庶民においては儀式らしい儀式として行われてはいなかったということに注意しなければならない。一方で披露宴については，規模や質の違いはあっても，幅広く行われていたということにも着目すべきだろう。

　しかしながら，まったく儀式をやらなかったというわけでもなく，例えば今でも一部のスタイルの挙式で行われている盃事は，かなり古くから新郎と新婦との間で交わされてきたようである。

　要は，結婚そのものに関しては，あくまで新郎と新婦の関係としてとらえられてきたために社会的な儀式を必要とはしなかったが，その後の婚姻という状態に関しては，幅広く告知する必要性があるととらえられてきたということである。宗教によっては絶対神に対して誓いを立て，新たな夫婦の存在を証してもらう必要もあるかもしれないが，わが国ではある意味，一般にいうところの宗教（飛鳥時代頃以降は，仏教がそうだが）よりもはるかに，「周りの人々との関係」こそが「絶対的」な存在であるため，こうした形態がとられてきたものと考えられる。

　このような社会では，挙式をビジネスとして展開する必要性に乏しかった。また，宴席をプロデュースする存在としては，他の用途にも対応可能な業者（料飲サービス産業のはしりなど）が存在したため，そういった主体が対応してきたことが想定される。

2．明治から第二次世界大戦までの結婚式

　明治以降になってやっと，広く一般でも結婚式が行われるようになって

いった。その背景には，結婚を「神との契約」として厳粛なものととらえる文化を持つ他国との関係で，特に諸外国との付き合いも重要な公務であった皇族において，結婚に関する式も必要とされることになったことが挙げられる。それまでほとんど挙式がなされてこなかった状態から，キリスト教式を模した形で，わが国に根付いていた宗教である神前式や仏前式の挙式が行われるようになった。この流れで，大正から昭和にかけて，一部の富裕層でも，神社での挙式から近隣の施設での披露宴という一定のスタイルが形成されるようになっていったのである。

現在のわが国における挙式は，キリスト教式が圧倒的で，次いで人前式と神前式，そして仏前式が続く。わが国の伝統的な宗教としては神道と仏教が代表格であるが，いずれも明治中期頃から執り行われることになった[2]。

一般に広まったのはむしろ神前式である。1900年（明治33年）に皇太子嘉仁親王（後の大正天皇）が結婚するに際し，神前式の挙式を行ったことで，一般からも同様の挙式を望む声があがるようになり，日比谷大神宮（現：東京大神宮）がそれに応えて様式化を図り，これがもとになって次第に一般でも行われるようになっていった。

この流れは，100年経っても変わらないことに着目して欲しい。すなわち，有名人や著名人の結婚に，一般の人々は大きく影響されるということである。

一方，この時代には写真の技術もわが国に導入されるようになり，結婚の記念に写真撮影をするようにもなっていった。これが，結婚写真のみならず，見合い写真などにも市場拡大がなされていく過程で，美容室などとの提携も広がり，ブライダル関連市場が形成されるに至っている。

このことは，この時代からすでに，ブライダル産業が挙式・披露宴会場と外部の取引業者との密接な関係によって成立してきたことを示していよう。

ただし，こうした要因がただちに挙式の一般化につながったわけではないことに注意する必要がある。それは，挙式の流れが古来のきわめて厳格な流儀にもとづいたものであり，誰もが執り行えるものではなかったからである。神前式の挙式が一般に広がったのは，皇室の挙式という要素のみならず，「永島式結婚式」と呼ばれる簡略化されたスタイルの普及が大きい。

永島式結婚式とは，1908年（明治41年）に，麻布で結納品調進商を営んでいた永島藤三郎によって考案された[3]。それまでのさまざまな流派による古来のしきたりを重んじた結婚のスタイルや，神社から神様を分祀して行われる本格的な結婚式とは異なり，それ以前に執り行われていた結婚式のエッセンスを凝縮して簡素化したものである。現代でも神前式で行われる挙式は，この永島式が下敷きとなっている。

永島式結婚式の特徴としては，簡素化して一般にも受け入れられやすくした点がまず挙げられるだろう。このことによって，市場が大きく拡大された。しかし，もう１つの点こそが重要である。挙式にともなう要素をパッケージ化し，それぞれの要素をその都度用意する形をとることで，さまざまな会場への出張を可能としたことも重要なポイントである。固定的な祭壇ではなく，移動可能な祭壇を用意し，神職や巫女などの手配まで行った。まさに，現代で言うところの「婚礼プロデュース」を行っていたわけである。

永島式を中心とした簡素化された神前式の挙式は急速に広まっていったが，その理由について山田［2014］では，ブランド化を図った点と，メディア戦略の成功，モデルの提示，が挙げられている。まさにマーケティングの教科書どおりの展開が行われ，一般に受け入れられていったという流れが見えてこよう。

一方，披露宴については，江戸時代までもすでに行われていたため，明治以降も当然のごとく開かれていた。しかしながら，和食のみならず，フランス料理を中心とした西洋料理も，一部の上流階級を中心に広まってい

ったことが特筆される。

　明治以降に宮中での正餐もフランス料理となる中で，本格的なフランス料理を提供しうる施設はそう多くなかった。明治から大正にかけて，フランス料理を提供できたのは，華族会館，東京会館，築地精養軒，上野精養軒，水交社，偕行社，如水会館といった特別な場所と，これも特別な存在だったホテルくらいであった。そのため，すぐに一般の宴の食事もフランス料理となったわけではないが，正餐として披露宴においてフランス料理を提供することは，1つのステイタスという側面も有していたようである。

　1890年（明治23年）に開業した帝国ホテルでも，やはり明治時代のうちからすでに披露宴が行われていたという[4]。しかし，この頃はどちらかというと，上記の各会館などの方がより多く利用されていたようである。ホテルが広く利用されるようになるのは，前述した永島式結婚式の普及と1924年（大正13年）に発生した関東大震災の影響が大きい。

　永島式結婚式によって，神社との距離に関係なく，また神社から必要な「一式」を揃えるための関係をホテル側が築く必要もなくなった。さらに，震災で神社や会館などの多くの施設が焼けてしまったり倒壊してしまったりしたために，神社での挙式から各会館での披露宴といった流れも変化せざるをえなくなったのである。

　震災の際，旧本館の「ライト館」が竣工したばかりであった帝国ホテルは被害も軽微であり，他の施設で行われてきた需要を一手に引き受けることとなった。さらに，神社も被害を受けていたために，神社そのものをもホテル内に分祀するに至ったのである。

　そして，美容師の遠藤波津子や森川写真館との共同で，日本初の一貫したホテルでの結婚式の原型を完成させることもでき，このスタイルが戦後，高度成長期以降に他のホテルにも広まっていくことになる。

　そしてまたホテルは明治時代以降，わが国に浸透する過程で，「非日常

的空間」つまり「ハレの場」としての色彩を強めてきた。こうした状況から生じた挙式・披露宴会場としてのホテルの立場は現代にも続いている。

　一方，昭和に入ると挙式・披露宴を一貫して行える専門の結婚式場が登場してきた。1931（昭和6年）に開業した目黒雅叙園がそうである。ブライダルの中でも，挙式・披露宴を中心としてビジネスを展開することができるほどに，この市場は拡大してきたということである。

　また，1933（昭和8年）には公営の東京結婚相談所が開業している。これも，ブライダル市場の前提となる需要の創出に一役買うことになる。

　ただし，その後は第二次世界大戦へと突入していき，ブライダルも暗黒の時代となっていく。

3．戦後の発展

　終戦を迎えると，ただちに結婚ラッシュが訪れたことは第1章でも述べたとおりである。その需要増に応える形で，ブライダル業界もさまざまな新しい事業が展開されるようになっていった。

　1946年（昭和21年）に東條會舘，1947年（昭和22年）に明治記念館が誕生する。後者は総合結婚式場という名称を初めてつけたといわれており，先に開業していた目黒雅叙園や東條會舘を含む，多くの同業者のモデルともなっていった。

　また，1928年（昭和3年）に設立された葬祭業の西村商店を母体として，1948年（昭和23年），横須賀冠婚葬祭互助会が誕生した。これは，わが国に伝統的な相互扶助活動を組織化したものであり，戦後の混乱期であっても冠婚葬祭をきちんと行いたいという思いが結実したものであったという。一定金額の積み立てを継続すると，一定期間後には冠婚も葬祭も執り行うことができるというもので，1957年（昭和32年）に結婚式場の長寿閣を開業させている。同様な存在としては，1958年（昭和33年）に愛

知県冠婚葬祭互助会が開業した高砂殿，1961年（昭和36年）に名古屋市冠婚葬祭互助会が開業した平安閣，1963年（昭和38年）に京都市冠婚葬祭互助会センターが開業した玉姫殿などがあり，ブライダル市場の拡大に応える中心的な役割を果たしていった。

なお，1960年代前半は，第一次ホテル開業ブームとも呼ばれる時代である。やがて中心的な役割を果たすことになるホテルオークラやホテルニューオータニは，この頃に開業している。

そして，オリンピックに向けて景気も拡大していく中，ブライダルに対する支出も増えていくことになる。それを後押ししたのが，明治時代と同様，皇族，そして有名人の結婚であった。

1959年（昭和34年）には，皇太子明仁親王（今上天皇）と美智子妃の結婚が執り行われた。皇居内賢所にて挙式をしたのち，パレードを仕立てて東宮仮御所まで向かったが，一連の流れがテレビで中継されたことによって，かつての皇族以上に一般への影響は大きかったようである。なお，祝宴は宮中で行われたが，3日間にもわたり，料理は日本料理が提供されたという。

翌1960年（昭和35年）には，日比谷の日活国際ホテルで，俳優の石原裕次郎と北原三枝が挙式・披露宴を行った。こちらも大変な豪華さで大きな話題となったという。なお，同ホテルが建っていた場所には現在，東京でも屈指の高級ホテルである，ザ・ペニンシュラ東京が営業している。

さらに，1971年（昭和46年）には，歌手の橋幸夫が帝国ホテル内の神前結婚式場で挙式し，1,000人もが招待される大規模な披露宴が，同ホテルでも最大級の宴会場「孔雀の間」にて行われた。

この石原裕次郎，橋幸夫の挙式・披露宴は，芸能人の挙式・披露宴が一般に大きな影響を及ぼすことになったきっかけであるといえるが，その後も有名人や芸能人によるブライダルは，現代に至るまで一般の挙式・披露宴に大きな影響を及ぼしている。少し歴史に沿って眺めてみよう。

1980年（昭和55年）には，三浦友和と山口百恵が，日本基督教団の霊南坂教会で挙式を行い，教会での挙式が注目されるようになる。披露宴も東京プリンスホテルの鳳凰の間で，1,800人もの招待客が出席して行われた。

　1985年（昭和60年），神田正輝と松田聖子が，目黒のサレジオ教会で挙式を行った。披露宴はホテルニューオータニで，2億円もの費用をかけたと伝えられる。放送権はテレビ朝日が獲得し，10時間もの特別番組で放送され，ゴールデンタイムの平均視聴率は34.9％を記録した。

　1987年（昭和62年），郷ひろみと二谷友里恵が結婚する。霊南坂教会と，シドニーのセントメリーズ教会で挙式を行った。披露宴は，新高輪プリンスホテル（現在のグランドプリンスホテル新高輪）の飛天の間で開かれた。フジテレビが中継を行い，平均視聴率で47.6％，瞬間最大視聴率は58.5％にまで達した。

　1989年（平成元年）の五木ひろしと和由布子の結婚では，5億円もの費用が投じられ，ウエディングケーキの高さは11メートルにまで到達した。この際もフジテレビが中継した。

　芸能人の結婚は，現在でもマスコミにとっては格好の話題となるようである。参考までに，2010年時点での芸能人が関わる結婚特集番組の視聴率ランキングは，図表2－1の通りである。1980年代後半のバブル時代が上位を占めていることが理解できるだろう。

　ただし，こうしたいわゆる「ハデ婚」の流れは，1989年（平成元年）の昭和天皇崩御と，1990年（平成2年）のバブル崩壊後の経済状況の悪化とによって終わりを迎えることになる。ゴンドラに乗って新郎新婦が披露宴会場に降りてきたり，白馬に乗って登場したりといった演出は，バブル崩壊とともに一気に消えていってしまったのである。

　すなわち，「ハデ婚」から「ジミ婚」への流れであり，1995年（平成7年）の永瀬正敏と小泉今日子の結婚，唐沢寿明と山口智子の結婚，1997

図表2－1　芸能人が関わる結婚特集番組の視聴率ランキング

1位	47.60%	郷ひろみ・二谷友里恵	1987年6月12日
2位	45.30%	森進一・森昌子	1986年10月1日
3位	40.10%	渡辺徹・榊原郁恵	1987年10月14日
4位	34.90%	神田正輝・松田聖子	1985年6月24日
5位	30.30%	三浦友和・山口百恵	1980年11月19日
6位	30.20%	若島津・高田みづえ	1985年9月27日
7位	27.30%	五木ひろし・和由布子	1989年5月31日
8位	26.20%	古田敦也・中井美穂	1995年12月10日
9位	25.50%	小錦・塩田寿美歌	1992年2月11日
10位	24.70%	藤原紀香・陣内智則	2007年5月30日
11位	24.00%	貴乃花・河野景子	1995年5月29日
12位	17.60%	元木大介・大神いずみ	2000年12月4日
13位	17.20%	谷佳知・田村亮子	2003年12月20日
14位	15.50%	小室哲哉・KEIKO	2002年11月22日
15位	13.40%	野口五郎・三井ゆり	2001年2月26日

出所：『はちこのブログ』2010年5月27日．より。
　　　http://ameblo.jp/sce324/entry-10541803731.html
　　　　　　　　　　　　　（2014年7月31日アクセス）。

年（平成9年）の安室奈美恵の結婚などがジミ婚の代表格といわれている。

　一方，前後して1990年代初頭には大きく分けて2つの変化が生じることになる。

　1つは，企業による社長就任披露パーティーなどが激減したホテルが，ブライダルに力を入れるようになっていったということである。それまでもホテルでのブライダルはそれなりの割合で行われていたが，主たる需要の激減に直面し，ホテルもより一層，ブライダルに力を入れていくことになった。

　もう1つは，メディアの変化である。1992年（平成4年）に『結婚ぴ

あ』が，翌1993年（平成5年）に『ゼクシィ』が創刊された。いずれも今に続くブライダル情報誌であり，こうしたブライダル専門の情報誌の登場は，ジミ婚の流れともあいまって，それまでのブライダルに関わるさまざまな要素の決定権が親から新郎新婦へと移行し，それまでの「家と家との結びつき」といった公的な行事から，プライベートなイベントへの変化を後押ししていくことになる。

　こうした時代背景のもとで，レストラン・ウエディングが流行の兆しを見せる。現在でも一部では行われているが，小規模でプライベート感のあるイベントが実施できるということで，一時は急速な広がりをみせていた。ただし，控室がなかったり，演出に限界があるなど，一生に一度のイベント会場としては厳しい面もあったため，大きく広がっていくことにはつながらなかった。

　ただし，レストラン・ウエディングが増加していく過程において，ブライダルのプロデュースを専門に行う企業が増加し，かつ力をつけていったことは注目すべきことといえよう。なぜならば，それが，次の新しい展開につながっていくことになるからである。

　レストラン・ウエディングが実現したプライベート感やアットホーム感と，専門式場としての強みをうまく組み合わせて誕生したのが「ゲストハウス」による「ハウス・ウエディング」である。

　ハウス・ウエディングは，1997年（平成9年），東京の立川市にルーデンス立川ウエディングビレッジ（現在のルーデンス立川ウエディングガーデン）がオープンしたのが最初となる。ヨーロッパの街をモデルとして，独立した聖堂，宴会場を設け，花嫁がすれ違ってしまったりすることのないような動線を構築して，プライベート感を確保しつつ，専門式場として対応可能な環境を確保した。この業態には，上記で述べたようなプロデュース会社も参入し，急成長を遂げることになる企業も多かった。現在では挙式・披露宴の3割程度を担うまでに成長しており，今後も発展が見込まれている。

4．ブライダルの概観

　このように眺めてくると，ブライダルという産業の変化が容易に理解できるだろう。社会環境の変化に敏感に反応するブライダルの需要は，それに対応可能な企業でなくては生き残れないシビアな世界を形成しているといえる。

　ホスピタリティ産業全般にいえることではあるが，大きな設備投資をしたうえで，その固定施設を長く使いながらビジネスを展開しなければならない一方で，このような変化の激しい需要に対応するのはなかなか難しい面もあるだろう。

　しかしながら，現実に対応している企業があるのも事実である。これからはさらなる少子化と非婚化が進むとみられているが，そういった状況でも産業として成り立つためには，これまでのような経験や勘に頼ったマネジメントだけでは危険であろう。

（徳江順一郎）

【注】

1）田澤・境［2004］，p.92.
2）仏前式のはじまりについては諸説あるが，ここでは田澤・境［2004］，p.94.にある，1837年（明治20年）という説を紹介しておく。
3）「氷島式結婚式」については，山田［2014］に詳しい。以下の記述も，同研究に拠るところが大きい。
4）『帝国ホテル百年の歩み』，p.98.に，いくつかの事例が紹介されている。以下の記述も，同書を参考にした。

第3章

市場構造

1．ブライダルに関係する市場

　第1章で述べたとおり，現代のブライダルは多様な要素が複合的に絡み合って成立している。そのために，サービス提供側の視点からすれば多くの主体が関係することになり，こうした多くの主体のマネジメントが重要になるし，一方で需要側からすれば，1つひとつの費用が積み重なっていくことで，大きな金額がかかってしまうことになる。

　この結婚というイベントに前後して行われる結納から新婚旅行までを含めると，トータルの費用の総額は平均458.9万円にもなる。そして，この数値はここ数年，450万円前後で推移している（図表3－1）[1]。これだけの金額が1組の結婚に際して動いているのであるから，ブライダル産業が一大産業となっていることは当然のことのように感じられる。

　内訳をみると，挙式と披露宴が351万円で最も多く，次いで新婚旅行の61.8万円，婚約指輪の36.6万円，結婚指輪の23.2万円と続く。また，他にも結納式，新婚旅行の土産，両家顔合わせ，仲人への御礼といった費用がかかることもある。ただし，こうした費用はいずれも，「あった」と答えた人の平均値である。結婚に際してさまざまな要素がからんでいることは確かであるが，一方で，すべてのカップルがすべての選択肢を採用するとは限らないという点にも注意が必要である。

　さらにこの挙式・披露宴の内訳は，挙式料が31.4万円，披露宴の料

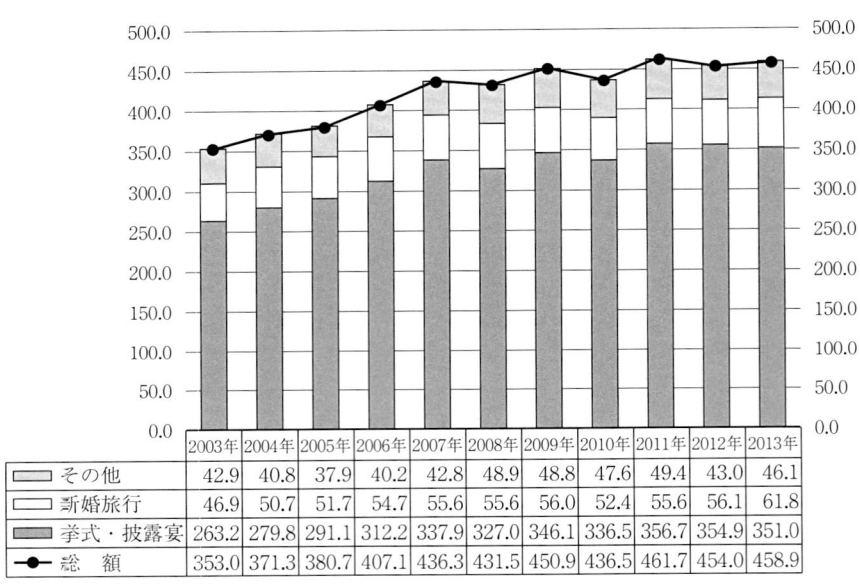

図表3−1　結婚にともなう費用総額の推移（単位：万円）

	2003年	2004年	2005年	2006年	2007年	2008年	2009年	2010年	2011年	2012年	2013年
その他	42.9	40.8	37.9	40.2	42.8	48.9	48.8	47.6	49.4	43.0	46.1
新婚旅行	46.9	50.7	51.7	54.7	55.6	55.6	56.0	52.4	55.6	56.1	61.8
挙式・披露宴	263.2	279.8	291.1	312.2	337.9	327.0	346.1	336.5	356.7	354.9	351.0
総　額	353.0	371.3	380.7	407.1	436.3	431.5	450.9	436.5	461.7	454.0	458.9

出所：『ゼクシィ結婚トレンド調査 首都圏 2013』。
　　　ただし，数値の一部は回答者のみからの推計値。

理・飲料が122.1万円，新婦の衣裳に42万円（ウエディング・ドレス24.9万，カラードレス20.5万，白無垢17.8万，色打ち掛け26.5万など），新郎の衣裳に15.2万円（タキシード12.1万，フロックコート11.7万，紋服10.3万など），司会者に7.1万円（プロに依頼した場合），親へのギフトに3.6万円，映像を使った余興や演出に6.8万円，ブーケ5.1万，ヘアメイク8.4万円，引出物を含むギフト33.5万円，会場装花18.4万円，写真21.2万円，ビデオ18.7万円，その他，招待状，席札・席次表・メニュー表，プロフィールパンフレット，ウェルカムボードなどのアイテムなど，となっている（ただし，上記は回答者分のみ）。

　第1章の図表1−4で，挙式・披露宴の総額が全体的に上昇傾向にある

図表3-2　挙式・披露宴の費用項目の推移（単位：万円）

	2007年	2008年	2009年	2010年	2011年	2012年	2013年
その他	77.2	69.8	63.8	23.2	36.0	15.9	17.5
ビデオ撮影	15.9	15.3	15.6	16.5	16.4	17.9	18.7
スナップ撮影	20.1	20.4	20.9	20.7	20.9	21.9	21.2
会場装花	17.5	17.1	17.9	17.8	18.4	18.4	18.4
ブーケ				4.7	4.8	5.1	5.1
ギフト				32.8	32.0	34.2	33.5
ヘアメイク			8.1	8.0	8.1	8.2	8.4
新郎の衣裳	12.8	13.6	13.6	14.6	14.0	15.0	15.2
新婦の衣裳	38.3	39.6	40.7	40.4	41.4	42.0	42.0
映像を使った余興や演出			7.3	6.9	6.6	6.4	6.8
親へのギフト	3.4	3.1	3.5	3.6	3.3	3.4	3.6
司会者	6.8	6.9	6.9	7.0	7.2	7.0	7.1
料理と飲み物	119.7	117.2	120.7	113.5	121.5	131.9	122.1
挙式料	26.2	24.0	27.1	26.8	26.1	27.6	31.4

出所：『ゼクシィ結婚トレンド調査　首都圏 2013』。
　　　ただし，数値の一部は回答者のみからの推計値。

ことが理解できたかと思うが，これら個別の要素も全体的に，ここ数年は上昇傾向にある（図表3-2）。

料理と飲み物は、若干上下を繰り返しているようであるが、2012年（平成24年）を除いて120万円前後で安定している。また、興味深いのは、新婦だけでなく新郎の衣裳の費用も増加していることである。率ではむしろ、新郎の衣裳の方が大きく増加している。結婚が必ずしも「花嫁のためのもの」だけではなくなって、「2人のためのもの」に変化してきたことがうかがえるだろう。

そして、スナップ撮影に比べると、ビデオ撮影も最近は金額が上昇している。また、挙式料の増加も目立っている。他にも、会場の装花も20万円近い支出がなされている。いずれも、需要側の晩婚化にともなって、支出可能額が増加しているという側面もあるだろうが、供給側のさまざまな努力の成果ももちろん見逃せない。

このように、ブライダルに関連する要素はきわめて多岐にわたっていることがうかがえる。そして、そういった多様な要素を盛り込んでいくために、さまざまな事業が複雑に絡み合ってブライダル産業が成り立っているのである。そこで、次に、ブライダル関連市場についてまとめておく。

2．ブライダル関連市場の分類

ブライダル関連市場は、1980年頃には、

| ① 婚礼・宴会市場 |
| ② 新婚旅行市場 |
| ③ 新生活商品市場 |

の3つに大きく分けられていた[2]。

まず、①はまさに挙式と披露宴を中心として構成される市場であり、前項でも述べたとおり、料理と飲料をはじめとして、他にも衣裳類や演出、

記録（写真・ビデオ）や装花など，さまざまな項目ごとに大きな費用がかかり，これが現在でもブライダル関連市場の中心をなしている。

②は，当時急速に増加しつつあった海外旅行を中心とした新婚旅行の市場で，円高と海外旅行の大衆化が進んだ昨今とは異なり，当時はパックツアーでの新婚旅行が中心であり，やはり大きな規模の市場を形成していた。

③は，結婚前に生活していた実家から離れ，新しい家庭を構えるに際しての住居や家電製品，家具類などを揃えるためにかかる費用である。

この状況は，1990年頃になると変化する。このころになると，

---

① プレブライダル市場
② セレモニー・ブライダル（婚礼）市場
③ ハネムーン市場
④ ニューライフ市場

と分けられるようになった。3分類の時代から10年が経て，「プレブライダル」という結婚前の市場が勃興してきたのである。こうした各市場における代表的な業種についてまとめると，以下の通りとなる[3]。

① プレブライダル市場

結婚情報サービス，ブライダル・エージェント，婚約関連商品店，宝飾店・時計店，互助会，エステティックサロン，カルチャーセンター，ホテル，レストラン，料亭，業界紙誌，興信所，病院，保険会社など

② セレモニー・ブライダル（婚礼）市場

式場・ホテル・会館，貸衣裳店，美容・着付け，ギフト・引出物店（百貨店），神社・教会・寺院，写真店，司会，バンド，録画，音響・照明，

フォーマルアパレル，ハイヤー・タクシー，クリーニング店，印刷，キャンドル店，ドライアイス店，生花店，仕出し店，菓子店，設備建設会社，銀行・郵便局・信販会社，バンケット会社など

③　ハネムーン市場
　旅行代理店，ホテル・旅館，航空会社・鉄道・レンタカー・船舶・ハイヤー・タクシー，旅行用品店，レンタル店，DPE，保険会社，病院，銀行・郵便局・信販会社，百貨店・衣料品店，業界誌など

④　ニューライフ市場
　家具店，電器店，寝具店，インテリア店，食器店，日用品店，衣料品店，呉服店，不動産，百貨店・月販店・量販店，ハウジングセンター，工務店，引越，保険会社，銀行・郵便局・信販会社，病院など

　この状況は，現在でも大きな変化はない。②のセレモニー・ブライダル市場に，さまざまな新技術をバックボーンとした参入が行われたり，こうした各市場に人材を供給する各種の学校や大学にも目が向けられるようになったりした程度である。
　上記のうち，③のハネムーン市場は，旅行代理店を中心として，鉄道会社や航空会社などの交通事業者，ホテルや旅館，リゾートなどの宿泊事業者などによるものであり，ブライダルはむしろ，付随的な需要としてとらえることができるだろう。つまり，メインとなる他の需要が存在するうえで，ブライダルに関連して生じた需要にこたえていると考えられる。
　また，④ニューライフ市場は，小売や住宅関連産業が中心となって事業展開を行っている。これも，ブライダル専門，あるいはブライダルが需要の主たる構成要因とはなっておらず，むしろ，付随的な需要となっている。なお，2013年度の調査によれば，結婚前の親との同居状況としては，2

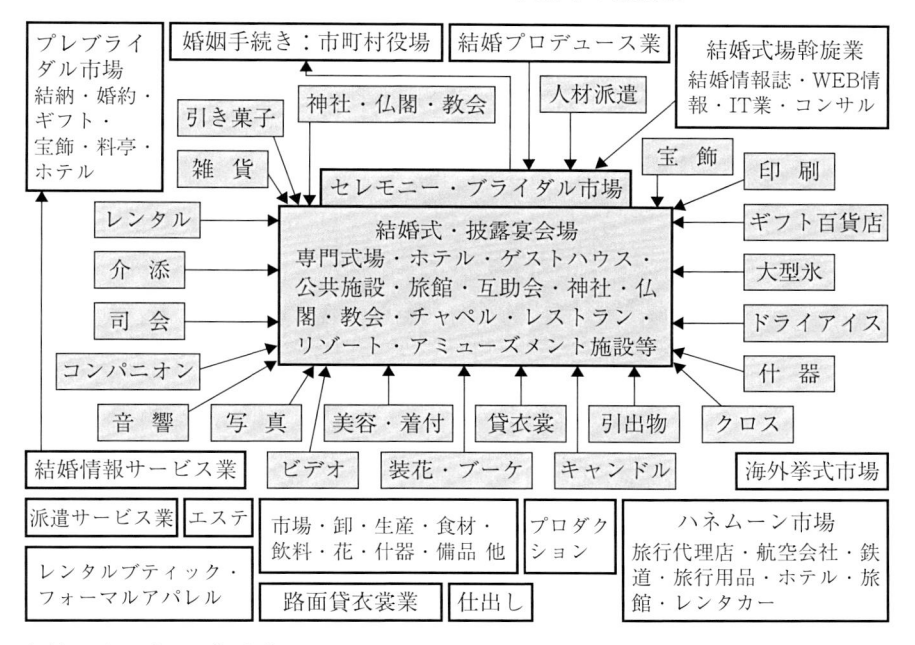

図表3－3　ブライダルに関係する諸要素

プレブライダル市場	婚姻手続き：市町村役場	結婚プロデュース業	結婚式場斡旋業
結納・婚約・ギフト・宝飾・料亭・ホテル	神社・仏閣・教会	人材派遣	結婚情報誌・WEB情報・IT業・コンサル

セレモニー・ブライダル市場

結婚式・披露宴会場
専門式場・ホテル・ゲストハウス・公共施設・旅館・互助会・神社・仏閣・教会・チャペル・レストラン・リゾート・アミューズメント施設等

周辺要素：引き菓子、雑貨、レンタル、介添、司会、コンパニオン、音響、写真、ビデオ、美容・着付、装花・ブーケ、貸衣裳、引出物、キャンドル、宝飾、印刷、ギフト百貨店、大型氷、ドライアイス、什器、クロス

結婚情報サービス業／派遣サービス業／エステ／レンタルブティック・フォーマルアパレル／市場・卸・生産・食材・飲料・花・什器・備品 他／プロダクション／路面貸衣裳業／仕出し／海外挙式市場／ハネムーン市場（旅行代理店・航空会社・鉄道・旅行用品・ホテル・旅館・レンタカー）

出所：野田［2010］より。
　なお、スペースの都合もあり、この中に④ニューライフ市場は掲載していない。

人とも親と同居していたカップルが21％おり，妻のみ同居が30.6％，夫のみ同居が11.5％で，こうした層の多くが結婚に際し，ニューライフ市場を構成したと考えられる。

　そこで，次章以降では，こうした市場のうちブライダルならではの市場と考えられる①のプレブライダルと②のセレモニー・ブライダルについて，それぞれの市場に対応して事業展開を行う産業についてまとめておく。

（徳江順一郎）

【注】
1）この金額と，以下に記載の金額はすべて『ゼクシィ結婚トレンド調査　首都圏　2013』による推計値にもとづく。また各数字は，特記以外は2013年度における首都圏の数字である。
2）『81ブライダルマーケットの現状分析と将来性〜結婚式場マーケットの地域分析〜』矢野経済研究所，1981年，pp.5-9.
3）『ブライダルマーケットの総合分析』ボイス情報，1990年，pp.12-13.

第4章 プレブライダル市場

1．プレブライダル市場とは

　プレブライダル市場は，カップルのいずれかがプロポーズをしてから挙式・披露宴を行うまでの市場である。結婚情報サービス業やブライダル・ジュエリー関連が代表的な存在であるが，最近ではブライダルエステも急成長している。

　以下，業種ごとに説明していく。

2．結婚情報サービス

　結婚情報サービス業は，そもそも結婚という市場創出の大前提となる「マッチング」を創出するという意味において，ブライダル市場全体の需要創出の源であるともいえる事業である。

　代表的な企業として，以下の2社を挙げておきたい。㈱オーエムエムジーは，1980年4月に大阪で創業した。結婚情報サービス事業として「O-net（オーネット）」を運営し，多項目のパーソナルデータから紹介するマッチングシステムをはじめとした多数のシステムで紹介を行っている。現在は楽天の子会社となっている。また，イオングループの㈱ツヴァイは，東京証券取引所2部上場企業である。

　ただし，かつてこの業界には不透明さがつきまとっていたことは否定で

図表 4 − 1　出会いのきっかけの推移（単位：％）

	2009年	2010年	2011年	2012年	2013年
無回答	0.4%	1.1%	1.3%	0.9%	1.0%
その他	6.5%	6.3%	6.6%	6.9%	9.6%
お見合い	0.5%	0.6%	0.4%	0.2%	0.9%
幼馴染・隣人	1.2%	0.8%	1.0%	0.6%	0.9%
街なかや旅先で	2.2%	1.0%	2.5%	2.5%	1.1%
結婚紹介所を通じて	0.8%	1.5%	1.1%	0.4%	1.8%
アルバイトで	6.9%	6.5%	6.3%	6.5%	3.6%
インターネットで	5.8%	4.1%	5.3%	5.3%	4.1%
サークル・スクール・習い事で	6.9%	7.7%	6.5%	7.0%	7.4%
学校で	13.7%	13.1%	14.6%	18.8%	12.5%
友人・兄弟姉妹を通じて	27.2%	27.7%	26.1%	24.4%	27.1%
職場や仕事で	27.7%	29.7%	28.4%	26.6%	30.0%

出所：以下，特記以外は『ゼクシィ 結婚トレンド調査（各年度）首都圏』より著者作成。

きない。2006年5月に，大手2社に対して公正取引委員会から「不当景品類及び不当表示防止法」の規定にもとづく排除命令が出されている。具体的な内容としては，「成婚による退会者数」に会員同士の成婚だけでな

く，会員外との成婚による数値を含めており，説明の付記はあったものの，表記が不十分であったためである。こうしたマッチング・ビジネスにおいては，成婚に至らないというリスクが避けられないわけであるが，このようなリスクの説明についても不十分であったりすることが指摘されている。透明性の確保による顧客の信頼獲得などが今後の課題となろう。

なお，新郎新婦の出会いは，職場や仕事で知り合ったのが30.0％，友人・兄弟姉妹を通じて知り合ったのが27.1％，学校が12.5％と，ここまでで7割を占めている。そして，いわゆる「結婚紹介所」経由は1％前後でしかないが，インターネット経由が5％前後あり，これも広義での結婚情報サービスといえるだろう（図表4－1）。

一方，現在では，お見合いはわずか0.9％に過ぎないが，新潟や北陸では2％台であり，地域差も認められる。

3．エージェント

ブライダル・エージェントは，ブライダルならではのビジネスであるといえよう。そもそも（例外はあるが）リピートがなく，多くが初めての「購買行動」ということになるため，特に費用のかかる挙式・披露宴会場についての情報を収集し，第三者の立場からカップルの相談に乗り，2人に合うと思われるところを紹介するものである。

ただし，実際には特定の会場との関係が強いケースも一部で存在するため，この場合には特定の会場の営業代理店としての位置づけとなる。

なお，披露宴会場を検討するに際して利用した情報源は，図表4－2の通りである。現在でもエージェントが一定の存在感を持っていることが理解できよう。

一般には百貨店などが，自社の顧客に対しての付随的サービスの一環として運営していることも多いが，専業のエージェントも存在する。

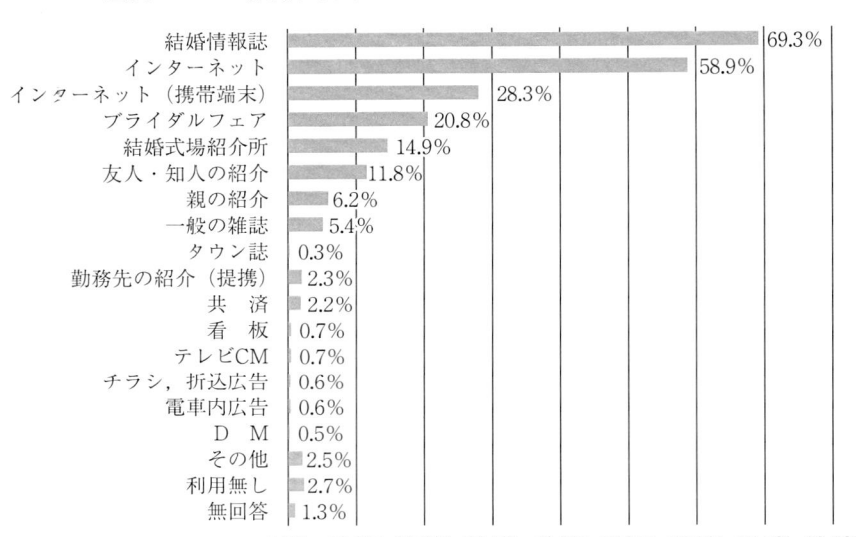

図表4-2　披露宴会場の検討に利用した情報源（複数回答）

情報源	割合
結婚情報誌	69.3%
インターネット	58.9%
インターネット（携帯端末）	28.3%
ブライダルフェア	20.8%
結婚式場紹介所	14.9%
友人・知人の紹介	11.8%
親の紹介	6.2%
一般の雑誌	5.4%
タウン誌	0.3%
勤務先の紹介（提携）	2.3%
共済	2.2%
看板	0.7%
テレビCM	0.7%
チラシ，折込広告	0.6%
電車内広告	0.6%
DM	2.5%
その他	2.5%
利用無し	2.7%
無回答	1.3%

4．婚約記念品とブライダル・ジュエリー

　婚約指輪は，婚約記念品の1つと考えられる。婚約記念品の有無については，首都圏においては71.9％が「あった」と答えている。なお，2007年（平成19年）以降，この数字は72～73％で推移しており，大きな変化はない。そのうちの91.6％が指輪を購入し，さらにそのうちの95.3％がダイヤの指輪を購入している。なお，ダイヤ以外も含めた婚約指輪の平均価格は36.6万円である。

　なお，婚約記念品が「なかった」と答えたカップルのうち，図表4－3の理由が上位2つを占めている。

　この分野で興味深いのは，実際に購買するに際して，何をもとにして情

第4章　プレブライダル市場　◎──　35

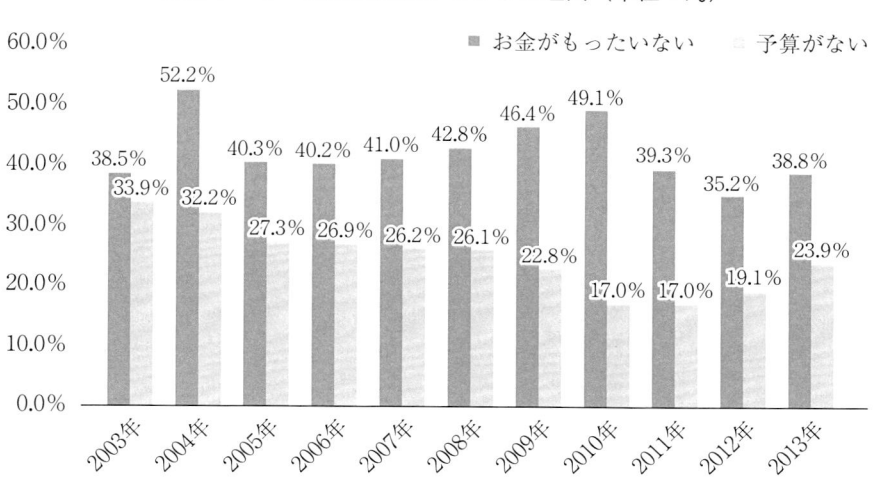

図表4−3　婚約記念品がなかった理由（単位：％）

　　　　　　　　　　　■ お金がもったいない　　　□ 予算がない

年	お金がもったいない	予算がない
2003年	38.5%	33.9%
2004年	52.2%	32.2%
2005年	40.3%	27.3%
2006年	40.2%	26.9%
2007年	41.0%	26.2%
2008年	42.8%	26.1%
2009年	46.4%	22.8%
2010年	49.1%	17.0%
2011年	39.3%	17.0%
2012年	35.2%	19.1%
2013年	38.8%	23.9%

出所：『ゼクシィ結婚トレンド調査　首都圏 2013』より一部の数字のみ抜き出した。

報収集を行ったかである。図表4−4に見られるように，「結婚情報誌」が過半数前後を占めていることが注目される。

　多くのカップルが，婚約記念品を買うのに際して結婚情報誌に頼っている側面がうかがえる。ただし，「一般の雑誌」も1割強いるため，他のメディアでは購買意思決定にあまり影響がないとされる「雑誌媒体」が，結婚に関していえば，大きな影響力を持っていることは注目される。

　マーケティング論では，一般の消費者が消費する消費財を，最寄品，買回品，専門品などと分けることによって，購買行動の相違について考察することが多い。専門品の購買に際しては，じっくりと購買意思決定を行うための検討が必要とされるため，情報量が多い雑誌媒体も大いに活用されることになるのだろう。自動車や高級腕時計，また，ブライダル以外のジュエリー，特にファイン・ジュエリーといわれる分野の商品も専門品に該

図表4-4　婚約指輪を検討する際に利用した情報源（複数回答／単位：％）

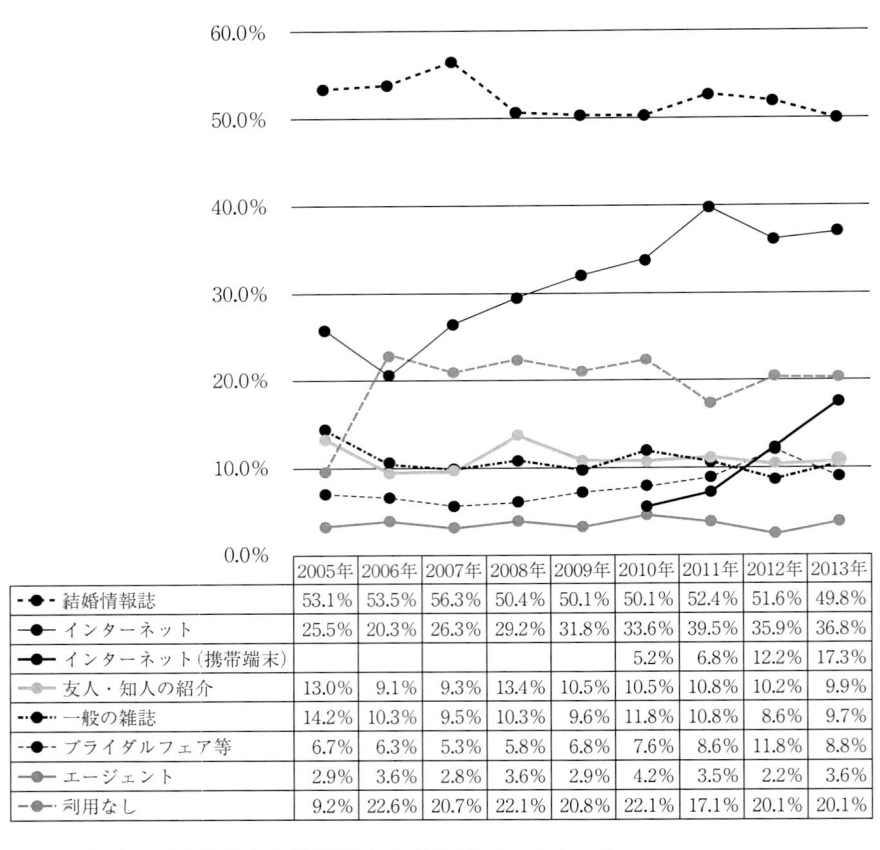

	2005年	2006年	2007年	2008年	2009年	2010年	2011年	2012年	2013年
結婚情報誌	53.1%	53.5%	56.3%	50.4%	50.1%	50.1%	52.4%	51.6%	49.8%
インターネット	25.5%	20.3%	26.3%	29.2%	31.8%	33.6%	39.5%	35.9%	36.8%
インターネット（携帯端末）						5.2%	6.8%	12.2%	17.3%
友人・知人の紹介	13.0%	9.1%	9.3%	13.4%	10.5%	10.5%	10.8%	10.2%	9.9%
一般の雑誌	14.2%	10.3%	9.5%	10.3%	9.6%	11.8%	10.8%	8.6%	9.7%
ブライダルフェア等	6.7%	6.3%	5.3%	5.8%	6.8%	7.6%	8.6%	11.8%	8.8%
エージェント	2.9%	3.6%	2.8%	3.6%	2.9%	4.2%	3.5%	2.2%	3.6%
利用なし	9.2%	22.6%	20.7%	22.1%	20.8%	22.1%	17.1%	20.1%	20.1%

※2009年まではPC経由と携帯端末とを分けていなかった。

当する。そのため，一部の高級品や高額なリゾートをしばしば特集している雑誌には，こうした商品の広告が多く見られる。そのうえ，こうした商品のみを対象とした特集を組む雑誌まで存在していたりもする。

　もちろん，インターネットのような新しいメディアはここでも急速に重きをなすようになってきており，パソコン経由では2000年代後半に急速

第4章　プレブライダル市場　◎── 37

図表4-5　結婚指輪を検討する際に利用した情報源（複数回答／単位：％）

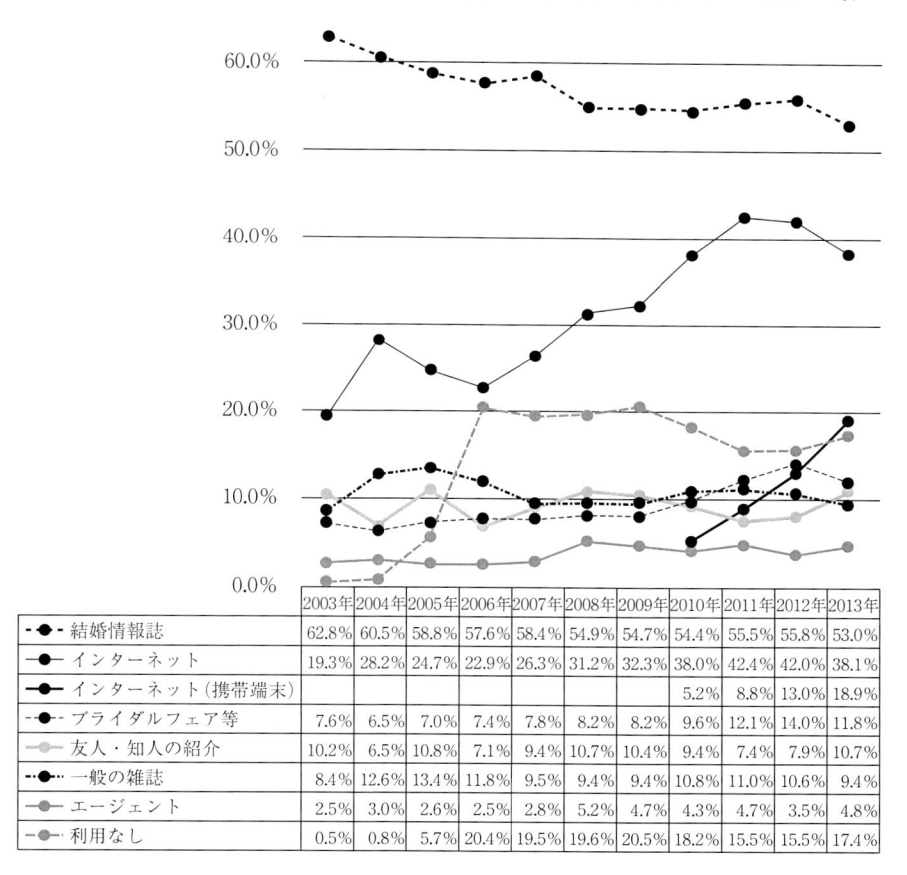

	2003年	2004年	2005年	2006年	2007年	2008年	2009年	2010年	2011年	2012年	2013年
結婚情報誌	62.8%	60.5%	58.8%	57.6%	58.4%	54.9%	54.7%	54.4%	55.5%	55.8%	53.0%
インターネット	19.3%	28.2%	24.7%	22.9%	26.3%	31.2%	32.3%	38.0%	42.4%	42.0%	38.1%
インターネット（携帯端末）								5.2%	8.8%	13.0%	18.9%
ブライダルフェア等	7.6%	6.5%	7.0%	7.4%	7.8%	8.2%	8.2%	9.6%	12.1%	14.0%	11.8%
友人・知人の紹介	10.2%	6.5%	10.8%	7.1%	9.4%	10.7%	10.4%	9.4%	7.4%	7.9%	10.7%
一般の雑誌	8.4%	12.6%	13.4%	11.8%	9.5%	9.4%	9.4%	10.8%	11.0%	10.6%	9.4%
エージェント	2.5%	3.0%	2.6%	2.5%	2.8%	5.2%	4.7%	4.3%	4.7%	3.5%	4.8%
利用なし	0.5%	0.8%	5.7%	20.4%	19.5%	19.6%	20.5%	18.2%	15.5%	15.5%	17.4%

※2009年まではPC経由と携帯端末とを分けていなかった。

　に増加して3割～4割に達し，さらに最近では，携帯端末経由が急増して2割近くまでが利用するようになっている（図表4-4）。
　結婚指輪も，実際の購買は結婚前に行われることが多いため，プレブライダル市場に含まれることが多い。

結婚指輪は，98.0％のカップルが購入している。婚約指輪と異なり，夫の結婚指輪の石は，ダイヤが14.9％，ルビーが0.7％，サファイアが3.6％，その他が4.0％となっており，石がついていないものが77.4％にのぼる。ただ，妻の結婚指輪については，ダイヤが70.8％，ルビーが1.6％，サファイアが4.8％，その他4.0％で，石がついていないものは24.2％であった。購入金額の平均は23.2万円（2人分）である。

　なお，婚約指輪と結婚指輪とを，同じ店舗で購入したのは51.2％，違う店で購入したのは48.5％であった（無回答が0.3％）。

　ブライダル・ジュエリーのブランドについては，大きくは海外系のブランドと国内系のブランドとに分けられる。海外系では，世界5大ジュエラーと呼ばれるHarry Winston（ハリー・ウィンストン），Tiffany & Co.（ティファニー），BVLGARI（ブルガリ），Cartier（カルティエ），Van Cleef & Arpels（ヴァン・クリフ＆アーペル），また，グランサンクとも呼ばれるパリ5大宝飾店として，上記のVan Cleef & ArpelsとCHAUMET（ショーメ），MELLERIO dits MELLER（メレリオ・ディ・メレー），BOUCHERON（ブシュロン），MAUBOUSSIN（モーブッサン）などがある。

　国内系では，田中貴金属ジュエリー㈱，㈱ミキモト，「アイプリモ」を展開するプリモ・ジャパン㈱，「4℃」を展開する㈱エフ・ディ・シィ・プロダクツ，京都が本拠地の「俄」を展開する㈱俄，和光などが代表的である。

5．結納について

　プレブライダルに関してもう1点言及しておきたいのは，「結納を行わないカップルが増えた」ということである。これは近年，急速に減少している。

　現在のカップルは，大きく分けて，「両家の顔合わせ」と正式な「結納」

第 4 章 プレブライダル市場　◎── 39

図表 4 − 6　結納・両家顔合わせの実施状況（地域別）

地域	両方行った	結納のみ行った	両家顔合わせのみ行った	どちらも行わなかった	無回答
全国（推計値）	18.1%	7.0%	69.8%	4.4%	0.7%
北海道	9.8%	5.5%	77.9%	6.1%	0.6%
北東北	29.6%	14.4%	51.4%	3.7%	0.8%
南東北	28.6%	10.3%	56.5%	4.6%	1.1%
福島	28.4%	10.2%	56.3%	4.0%	0.4%
北関東	17.3%	8.8%	69.6%	4.0%	0.7%
首都圏	11.9%	6.0%	75.5%	5.9%	—
新潟	18.8%	5.6%	75.0%	0.7%	—
甲信越	26.6%	11.8%	60.4%	1.2%	0.3%
北陸	28.0%	8.4%	60.3%	3.3%	1.0%
静岡	14.9%	6.1%	75.1%	3.6%	0.5%
東海	12.4%	3.4%	79.2%	3.9%	1.4%
関西	15.8%	5.6%	73.2%	5.0%	1.0%
中国	23.9%	7.4%	64.5%	2.7%	0.8%
四国	26.4%	9.5%	61.2%	2.0%	
九州	34.8%	11.1%	50.8%	2.6%	

■両方行った　□結納のみ行った　□両家顔合わせのみ行った　□どちらも行わなかった　■無回答

※地域は図表 4 − 7 も含め以下の通り。
　北東北：青森・秋田・岩手，南東北：宮城・山形，北関東：茨城・栃木・群馬
　首都圏：東京・神奈川・千葉・埼玉
　甲信越：長野・山梨，北　陸：富山・石川・福井
　東　海：愛知・岐阜・三重，関　西：大阪・兵庫・京都・奈良・滋賀・和歌山
　中　国：岡山・広島・山口・鳥取・島根

とを，

① 両方行う
② いずれか片方のみ行う
③ いずれも行わない

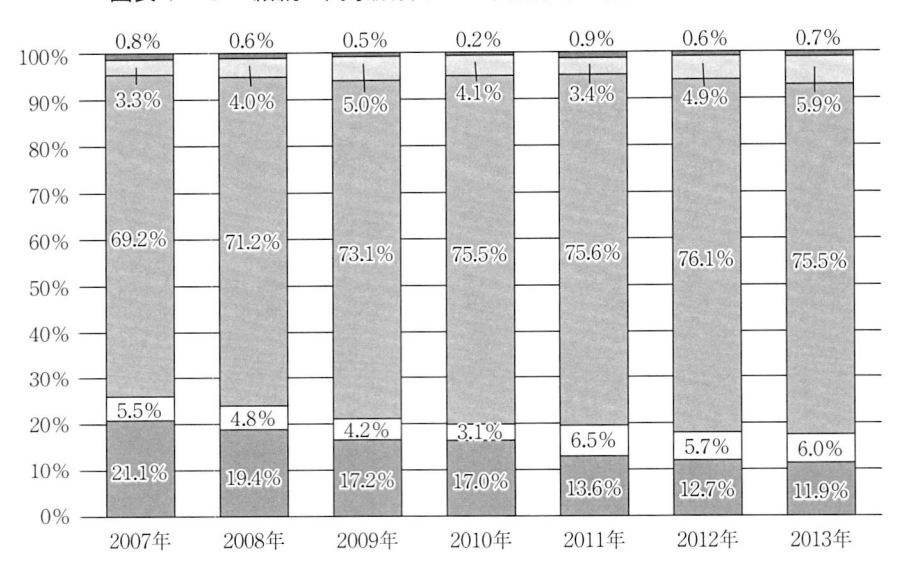

図表4−7　結納・両家顔合わせの実施状況（首都圏の時系列）

	2007年	2008年	2009年	2010年	2011年	2012年	2013年
無回答	0.8%	0.6%	0.5%	0.2%	0.9%	0.6%	0.7%
どちらも行わなかった	3.3%	4.0%	5.0%	4.1%	3.4%	4.9%	5.9%
両家顔合わせのみ行った	69.2%	71.2%	73.1%	75.5%	75.6%	76.1%	75.5%
結納のみ行った	5.5%	4.8%	4.2%	3.1%	6.5%	5.7%	6.0%
両方行った	21.1%	19.4%	17.2%	17.0%	13.6%	12.7%	11.9%

■両方行った　□結納のみ行った　■両家顔合わせのみ行った　□どちらも行わなかった　■無回答

のいずれかで対応している。

　それぞれの割合は地域差が大きく，九州では①両方行うが34.8％にも達するのに対し，北海道では9.8％しか行わないなど，地域によってかなり幅がある。

　ただし，首都圏だけでみた場合でも，①両方行ったカップルは，この10年弱でも2007年（平成19年）の21.1％から，2013年（平成25年）は11.0％と半減している。その分増えているのが，両家の顔合わせのみ行ったカップルである。これは現在の主流となっており，全国的に見ても最も多い。

（徳江順一郎）

第5章

セレモニー・ブライダル市場

1．セレモニー・ブライダル市場とは

　次に，ブライダル関連市場の中核をなす，セレモニー・ブライダル市場についてまとめる。

　結婚に際しての儀式という側面を持つ挙式と，それを周囲に披露するという披露宴の2つの要素を中心として，それを成り立たせるための諸要素から成り立っている。

　ここでは，挙式・披露宴会場がすべての中心となっている。この「会場」を軸として，衣裳，装花，写真やビデオ，美粧，ペーパーアイテム，配膳，司会，演出，音響照明，演出小物，プロデュースといったさまざまな事業が関係して，ブライダル・セレモニーを構築しているということになる。

2．挙式・披露宴会場

（1）概　要

　挙式・披露宴会場は，ホテル，専門式場，ゲストハウス，レストランに大きく分けられる。他にも，挙式では教会，神社や寺院も使われるし，披露宴では公共施設や料亭が使われることもあるが，ホテル，専門式場，ゲストハウスで挙式の7割近く，これにレストランを加えた4業種で披露宴の9割近くを行っている。詳しくはあとで述べる。

最近では多くのカップルが，挙式と披露宴を同一の場所で行うようになっている。それに対応している施設の増加もその背景にあるが，儀式としての挙式にふさわしい施設として建設されていることも，その傾向に拍車をかけているのだろう。

　ただし，教会や神社，そして寺院が挙式の会場として使われるケースもまだあり，その場合には他の施設へ移動して披露宴が執り行われるということになる。

　ここで，わが国独特の挙式施設として，「結婚式教会」というものの存在について言及しておきたい。結婚式教会とは，「地元の信者を持たず，礼拝や葬式などの宗教儀式がなく，結婚式のためだけにつくられた教会の姿をした独立した構築物」[1]のことである。先駆的な例としては，ラスベガスの事例が挙げられる。ラスベガスでは，1960年代にはすでに結婚式専用の教会が存在していた。その背景として，ネバダ州の法律では結婚と離婚のハードルが低いことがしばしば指摘されている。

　ラスベガスの他にも，世界中でこのような施設は散見されるようであるが，わが国の結婚式教会と他国のそれとの最大の相違点は，海外の施設が「気軽さ」というキーワードで語られるのに対して，日本の結婚式教会は高級感を演出し，単価を上げるための「装置」として使われている点である。カトリックでは禁止されている非信者同士の結婚式がヴァチカンから正式に許可されているのは日本だけであるが[2]，こうした「正式」という前提が，海外での「気軽さ」とは異なるスタンスをもたらしたことは想像に難くない。

　以下，代表的な業態について解説する。

（2）ホテル

　ホテルは，挙式・披露宴会場としては売上シェアのトップである。ただし，ホテルが日本で広まるのは明治時代以降のことであり，この発展過程

については第2章も参照されたい。ただしこの状況も，後述するように最近は変化が生じてきている。今後は，ホテルならではの強みを活かした事業展開が必要とされよう。

　ホテルの最大の強みは，ありとあらゆる施設が揃っていることである。招待客の控室以外にも数多くの料飲サービス提供施設があり，招待客は色々な場所で時間をつぶすことが可能である。もちろん宿泊施設でもあるので，遠方からの招待客にも対応できる。特に，かつてのような「社長就任披露パーティー」をはじめとした法人需要が減少している昨今においては，ホテルの宴会部門ではブライダルの売上のウェイトが大きくなってきているといえよう。

　なお，日本初の常設チャペルは，1975年（昭和50年）に京王プラザホテルに設置されたものといわれている。

　これまでのいわゆる「高級シティ・ホテル」においては，大小多数の宴会場を擁していることもあり，1日に数件の挙式・披露宴を行ったりしていたケースもあったが，最近のいわゆる「外資系」と呼ばれるラグジュアリー・ホテルでは，宴会場も1～2つ程度におさえ，その分アットホームな雰囲気づくりができるようになってきている。

（3）専門式場

　一般の結婚式場である専門式場は，ホテルに次いで2番目のシェアを持っている。ホテルよりも強いのは，北関東や東海地区，四国などである。

　専門結婚式場の第1号は，1931年（昭和6年）に開業した「目黒雅叙園」であるといわれる。戦後は1946年（昭和21年）に「東條會舘」，翌1967年（昭和22年）には「明治記念館」が開業した。これらは総合結婚式場といわれ，「椿山荘」や「八芳園」，そして「東京會舘」もこの代表格である。

　また，互助会も専門式場としての位置づけとなるが，この系統の会場と

しては，かつての「平安閣」（現：「アンフェリシオン」），「セレマ」（「マリアージュ玉姫殿」，「アル・マーレ」など），「ベルコ」（「ベルクラシック」），「日本セレモニー」などがある。このカテゴリーで忘れてはならないのはゲストハウスであるが，これは近年では別のカテゴリーとして扱うことが多いため，後で詳述する。

（4）共済・公共

共済や公共の施設としては，国家公務員共済組合の「KKRホテル＆リゾーツ」，公立学校共済組合の「ホテルフロラシオン青山」や「ホテルブリランテ武蔵野」，厚生年金事業振興団の「ウエルシティ」（旧：「厚生年金会館」），全国国民年金福祉協会連合会による「エミナース」，日本私立学校振興・共済事業団による「ガーデンパレス」などが存在する。かつては他にも雇用・能力開発機構の「サンプラザ」，農林漁業団体職員共済組合の「虎ノ門パストラル」，郵便系の「メルパルク」などがあったが，いずれも民間に売却されている。

（5）ゲストハウス

急速に市場規模が拡大しているゲストハウスにおけるハウス・ウエディングについては，1990年代に創業し，急成長を遂げた企業が多い。

「テイクアンドギヴ・ニーズ」は，1998年（平成10年）に野尻佳孝が設立した。当初は一軒家タイプのレストランとの提携によるブライダル業が中心であったが，2001年度から直営のハウス・ウエディング施設を手掛けて事業拡大を果たした。

「Plan・Do・See（プラン・ドゥ・シー）」は，1993年（平成5年）に野田豊加が創業した。プロデュースが基本であったが，古い建物のリノベーションを軸としてハウス・ウエディングにも乗り出し，現在はホテルの経営・運営も行っている。

他にも1995年（平成7年）に創業した「ベストブライダル」，紳士服のAOKIホールディングスの子会社の「ラヴィス（ブランド名はアニヴェルセル）」，2000年（平成12年）に創業した「ノバレーゼ」などがある。

（6）レストラン

　レストラン・ウエディングは，1990年代に伸びたカテゴリーで，一時は急速に売上が増えていた。「ジミ婚」に対応して，料理の美味しさを追求したカップルに支持されたといえる。しかしながら，2000年代に入ってからの市場環境の変化によって，レストラン・ウエディングにも力を入れる企業は絞られていくことになる。

　現在では，一般営業を行う一方でブライダルにも注力している企業が増えており，その場合には，挙式会場や音響施設，控え室などが完備されており，一般の結婚式場と変わらないサービスの提供が可能となっている。代表的なところとしては，「ラブレー」，「ひらまつ」，「ポジティブドリームパーソンズ」，「クイーン・アリス」などが挙げられる。少し古いデータになるが，「ひらまつ」においては，2006年9月期の売上高66億6,400万円のうち，ブライダル関連の売上が38億1,800万円と半分以上を占めている。

　一方で，ホテル内レストランや専門式場内レストラン，ゲストハウスのレストランなどでのブライダルも増加傾向にあり，『週刊ホテルレストラン2014年4月18日号』においては，年間6万組程度がレストラン・ウエディングを行っており，特にゲストハウスにおいては今後も増加傾向に向かうと予測している。

（7）その他

　こうした業態分類にとらわれない企業として，ブライダルを語るに際しては「ワタベウェディング」を欠かすことができない。「ワタベウェディ

写真 5 − 1　ハワイでのフォトツアーの様子（イメージ写真）

出所：森下恵子提供。

ング」は，1964年（昭和39年）10月に設立した有限会社ワタベ衣裳店が前身である。1971年（昭和46年）に株式会社に改組後，1973年（昭和48年）に初の海外ウエディング店舗をハワイに開設し，初年度から1,000組の挙式を達成した。

　1996年（平成8年）にワタベウェディング株式会社に名称を変更し，現在では，プロデュース，旅行，衣裳など幅広く事業展開を行う総合ブライダル企業となったが，今でも海外ウエディングには特に強みを持っていることが大きな特徴となっている。現在では前述した「目黒雅叙園」や，かつては公共の施設であった「メルパルク」を子会社化している。

　なお，前述した「テイクアンドギヴ・ニーズ」をはじめとしたゲストハウスやプロデュースをメインとしていた各社が近年，ホテルのブライダル

に関してコンサルティング契約を結ぶケースが増加している。ホテルにおける宴会部門のテコ入れのため，実績のある各社に委託する方向性は，これからも増加するものと思われる。

　そして，忘れてはならないのが式場以外の関連事業である。後で詳しく説明するが，例えば新郎・新婦の衣装を手配する婚礼衣装会社（「東京衣裳」，「TAKAMI BRIDAL」など），装飾用やブーケの用意をする生花業者（「日比谷花壇」，「ユー花園」，「ビューティ花壇」など），ヘアメイク・エステ，写真・映像サービス，巨大なクラッカーや余興のための芸人を調達する演出関連ビジネス，引出物関連，など，代表的なところを挙げただけでもこれだけさまざまな業種によって成り立っていることに，改めて驚かされよう。

3．セレモニー・ブライダル市場の変化

（1）挙式・披露宴会場の状況

　こうした多様な企業群によって，セレモニー・ブライダル市場を成立させるサービスが供給されているわけであるが，需要側から見た市場はどうなっているのであろうか。2000年代に入ってからの変化を中心に考察していきたい。

　なお，本来はプレブライダルの時点からも関係してくることではあるが，最近は結婚に際して仲人をまったく立てないケースが増えてきている。首都圏では，2013年に仲人を立てたのはわずか0.6％に過ぎなかった。新潟と北陸では1％を超えているが，全国的に見てもほとんど立てられることがなくなってしまっている。なお，新潟と北陸でのこの状況は，第4章での「出会いのきっかけ」と呼応していることに注意して欲しい。

　仲人を立てなかった理由としては，「特に必要を感じなかった」（89.8％），「形式にこだわりたくなかった」（13.9％），「色々と面倒」（12.1％），といっ

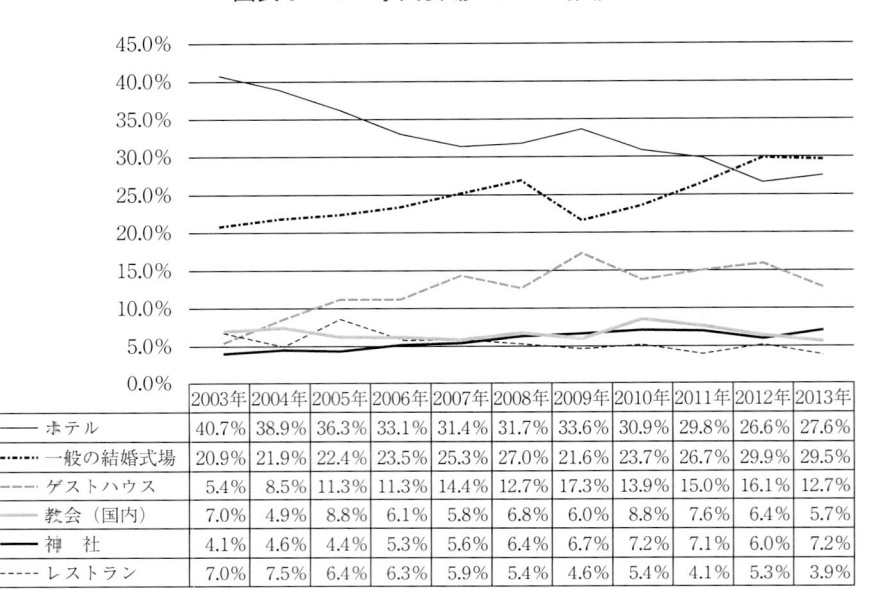

図表 5 － 1　挙式会場のシェア推移

	2003年	2004年	2005年	2006年	2007年	2008年	2009年	2010年	2011年	2012年	2013年
ホテル	40.7%	38.9%	36.3%	33.1%	31.4%	31.7%	33.6%	30.9%	29.8%	26.6%	27.6%
一般の結婚式場	20.9%	21.9%	22.4%	23.5%	25.3%	27.0%	21.6%	23.7%	26.7%	29.9%	29.5%
ゲストハウス	5.4%	8.5%	11.3%	11.3%	14.4%	12.7%	17.3%	13.9%	15.0%	16.1%	12.7%
教会（国内）	7.0%	4.9%	8.8%	6.1%	5.8%	6.8%	6.0%	8.8%	7.6%	6.4%	5.7%
神　社	4.1%	4.6%	4.4%	5.3%	5.6%	6.4%	6.7%	7.2%	7.1%	6.0%	7.2%
レストラン	7.0%	7.5%	6.4%	6.3%	5.9%	5.4%	4.6%	5.4%	4.1%	5.3%	3.9%

出所：以下，特記以外は『ゼクシィ 結婚トレンド調査（各年度）首都圏』より著者作成。

た理由が挙げられている。

　そのため，当然のことながら披露宴の席も，メインテーブルは新郎と新婦の2名のみとなり，両脇を固める仲人を含む4人という形式はめっきり見なくなってしまった。実は，仲人の他に2つほど，かつての披露宴では当たり前で，ほとんどの披露宴においては存在したが，現代の披露宴ではまったく見なくなってしまったものがある。それは，メインテーブル後ろの金屏風と，数メートルもの高さのウエディング・ケーキである。

　挙式・披露宴については，どちらも行ったカップルが93.8％，挙式のみが4.7％，披露宴のみが1.5％となっており，ほとんどのカップルが挙式と披露宴とを行っている。

第5章　セレモニー・ブライダル市場　◎——　49

図表5－2　挙式形式の推移

	2003年	2004年	2005年	2006年	2007年	2008年	2009年	2010年	2011年	2012年	2013年
キリスト教式	72.4%	74.2%	74.7%	68.7%	69.8%	64.2%	64.8%	64.3%	64.0%	60.9%	62.1%
神前式	12.9%	8.2%	11.1%	14.9%	12.4%	17.6%	16.1%	16.7%	18.7%	15.7%	17.3%
人前式	12.6%	15.2%	12.6%	14.2%	15.3%	16.1%	17.3%	16.8%	15.5%	20.6%	17.7%
仏前式	0.5%	1.3%	0.8%	0.3%	0.7%	0.8%	0.3%	0.6%	0.4%	0.8%	0.4%
その他	0.5%	0.8%	0.5%	0.5%	0.6%	0.4%	0.6%	0.6%	0.2%	0.4%	0.4%

出所：以下，特記以外は『ゼクシィ 結婚トレンド調査（各年度）首都圏』より著者作成。

　挙式会場は，2000年代初頭はホテルが40％以上のシェアを占めていたが，緩やかな下降基調を示し，最近では30％を割ってしまい，一般の結婚式場と逆転してしまった。1990年代に出現したゲストハウスが急速な伸びを見せているのも特徴的である。また，神社も若干の増加傾向があるのも興味深い。

　この変化は，当然，挙式そのものの形式の変化とも連動している。2013年（平成25年）における挙式の形式は，キリスト教式（教会式）が62.1％，神前式が17.3％，人前式が17.7％，仏前式が0.4％となっている。キリスト教式が最も多い一方で，最近の傾向としては徐々に減少している点も興味深い。また，人前式が20％程度にまで増加してきているのも注目すべき点であるが，神前式もここ数年は増加傾向である。

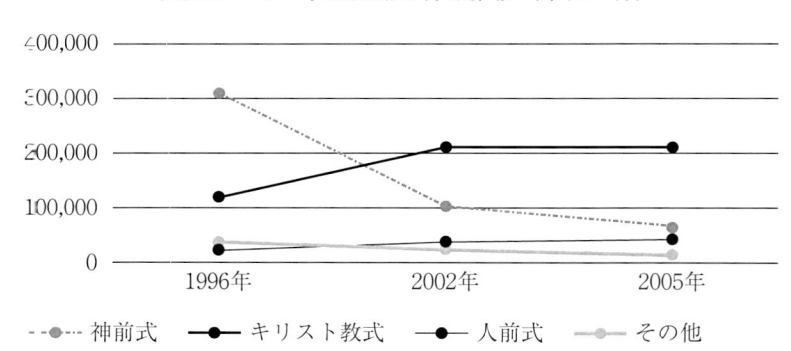

図表 5 − 3　挙式会場の件数推移（単位：件）

（グラフ：神前式、キリスト教式、人前式、その他の1996年、2002年、2005年の件数推移）

出所：経済産業省『特定サービス産業動態統計調査』より。

　なお，2003年以前は，他の調査によれば，1990年代後半に神前式とキリスト教式とが入れ替わったことが読み取れる（図表5−3）。

　挙式・披露宴の総額は第1章で述べた通り，2003年（平成15年）の263.2万円から2011年（平成23年）には356.7万円に増加し，直近の2013年（平成25年）は351万円である。この不況の時期において，3割近い単価の上昇は大変なことである（図表5−4）。

　その中で，江戸時代以前とは異なり，現代の結婚に際して必須であると考えられるようになった儀式が挙式である。これこそが，本来的な結婚を他人に認めてもらうための大前提の儀式であるということになる。挙式料の変遷については，図表5−5の通りである。

　ここ5年間での大きな変化は見受けられない。2008年（平成20年）が多少低く，2013年が多少高いようにも感じられるが，5年間にわたって25万円前後を推移しており，サンプルの抽出の相違による誤差であるとも考えられる。

　一方，披露宴の実施会場についても，挙式会場と同様の傾向が見て取れる（図表5−6）。

図表5-4 挙式・披露宴総額の推移（単位：万円，図表1-5を再掲）

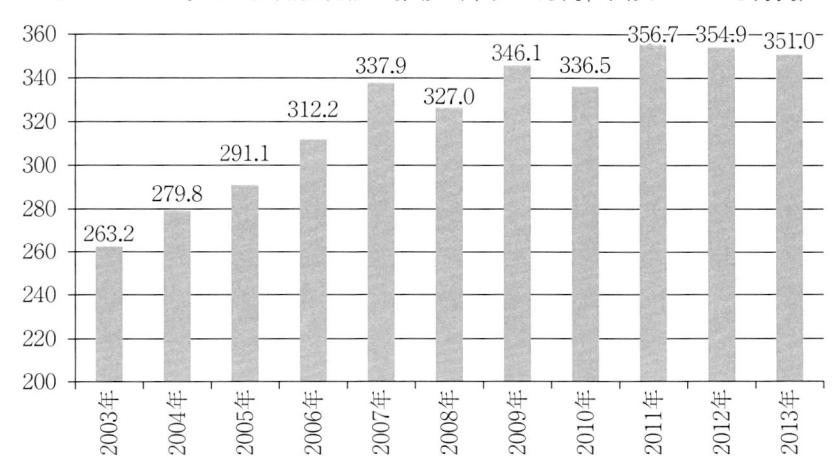

2003年	263.2
2004年	279.8
2005年	291.1
2006年	312.2
2007年	337.9
2008年	327.0
2009年	346.1
2010年	336.5
2011年	356.7
2012年	354.9
2013年	351.0

図表5-5 挙式料の推移（単位：万円）

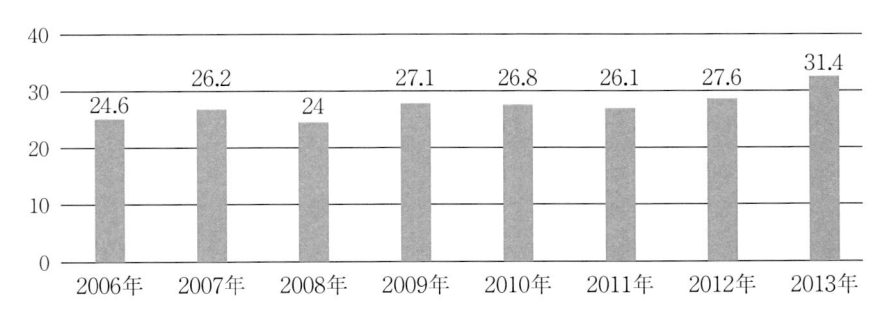

2006年	24.6
2007年	26.2
2008年	24
2009年	27.1
2010年	26.8
2011年	26.1
2012年	27.6
2013年	31.4

　挙式会場では10％弱を推移していた教会がなくなり，その分の数字がホテルやレストランに移っていることがうかがえる。海外のケースと異なり，教会の庭などでパーティーを行わないわが国では，ある意味当然の帰結である。
　注目すべきは，ゲストハウスにおける披露宴のシェアが，挙式会場のシ

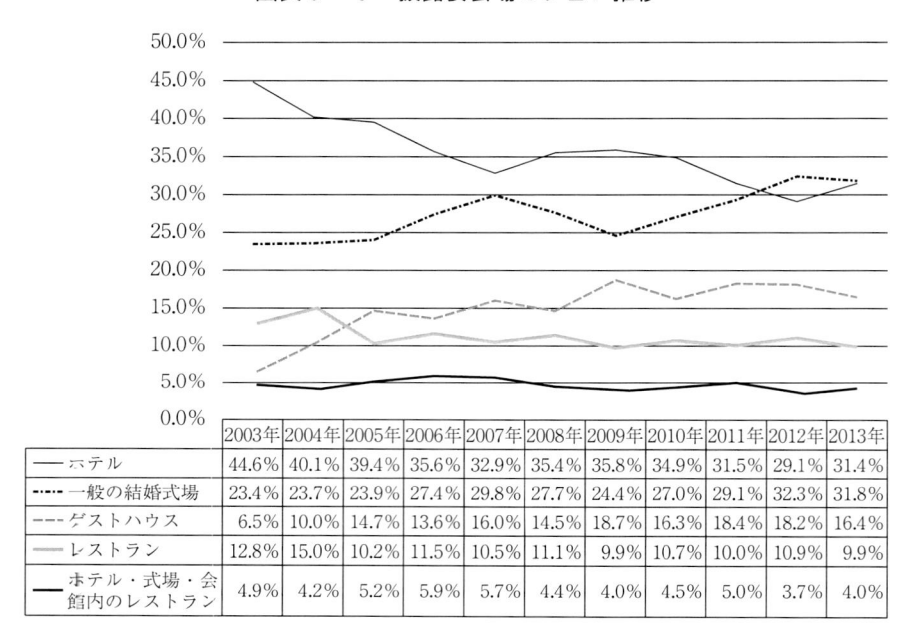

図表5－6　披露宴会場のシェア推移

	2003年	2004年	2005年	2006年	2007年	2008年	2009年	2010年	2011年	2012年	2013年
ホテル	44.6%	40.1%	39.4%	35.6%	32.9%	35.4%	35.8%	34.9%	31.5%	29.1%	31.4%
一般の結婚式場	23.4%	23.7%	23.9%	27.4%	29.8%	27.7%	24.4%	27.0%	29.1%	32.3%	31.8%
ゲストハウス	6.5%	10.0%	14.7%	13.6%	16.0%	14.5%	18.7%	16.3%	18.4%	18.2%	16.4%
レストラン	12.8%	15.0%	10.2%	11.5%	10.5%	11.1%	9.9%	10.7%	10.0%	10.9%	9.9%
ホテル・式場・会館内のレストラン	4.9%	4.2%	5.2%	5.9%	5.7%	4.4%	4.0%	4.5%	5.0%	3.7%	4.0%

ェアとそれほど変わらなく推移している点である。このことが意味するのは，ゲストハウスを利用するカップルは，多くが挙式と披露宴とをセットで行っているということである。ホテルや一般の結婚式場が，挙式については教会などの他の施設で行われたのちに，披露宴のみ行われているケースが多いのと対照的である。ただし，近年は若干の数字の開きが見られるようにはなってきている。

　前述した通り，一部のホテルは宴会場を多数設けていることもあり，披露宴のみの対応も十分に可能なケースもある。そのために，こうした現象が生じることは想像に難くない。

　なお，ゲストハウスのシェアは2000年代を通じて上昇したが，これも別の調査から裏付けることができる。

図表5－7　ゲストハウスにおける挙式・披露宴のシェア推移

	2003年	2004年	2005年	2006年	2007年	2008年	2009年	2010年	2011年	2012年	2013年
挙　式	5.4%	8.5%	11.3%	11.3%	14.4%	12.7%	17.3%	13.9%	15.0%	16.1%	12.7%
披露宴	6.5%	10.0%	14.7%	13.6%	16.0%	14.5%	18.7%	16.3%	18.4%	18.2%	16.4%

図表5－8　各業種の合計売上の推移（単位：百万円）

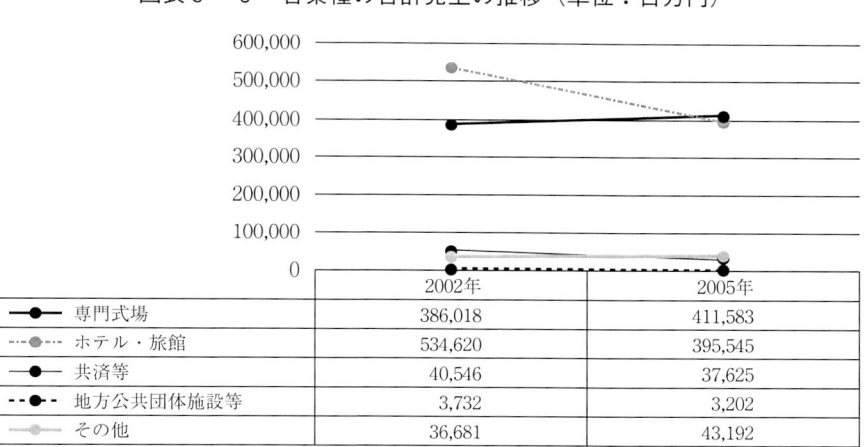

	2002年	2005年
専門式場	386,018	411,583
ホテル・旅館	534,620	395,545
共済等	40,546	37,625
地方公共団体施設等	3,732	3,202
その他	36,681	43,192

出所：経済産業省『特定サービス産業動態統計調査』より。

　経済産業省の調査によると，ホテル・旅館の売上は減少しているのに対して，専門式場はやや増加している。この中には一般の結婚式場のみならずゲストハウスも含まれており，売上の上昇につながっていることが理解できるだろう。

（2）費用内訳の検討

　図表5－5によれば，挙式料は大きな変化がない中で，披露宴の中で大きな割合を占めると考えられる料飲の費用は多少の変化があり，そして，総額から挙式料の平均と料飲にかかる平均を引いたその他の推計額を見る

図表 5 − 9　挙式料と料飲にかかる費用の推移

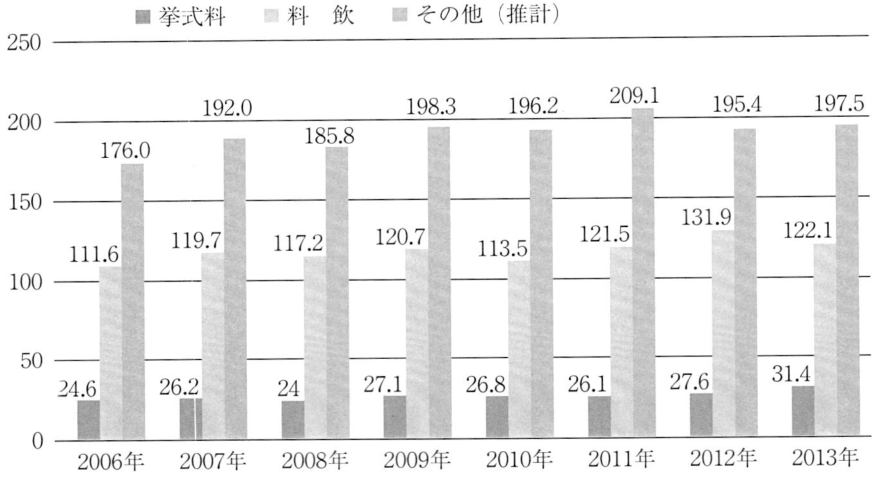

■ 挙式料　　■ 料　飲　　■ その他（推計）

年	挙式料	料飲	その他
2006年	24.6	111.6	176.0
2007年	26.2	119.7	192.0
2008年	24	117.2	185.8
2009年	27.1	120.7	198.3
2010年	26.8	113.5	196.2
2011年	26.1	121.5	209.1
2012年	27.6	131.9	195.4
2013年	31.4	122.1	197.5

と，それよりもその他の費用が大きく増加していることがわかる。

　実際，1990年頃の挙式・披露宴の総額は，約230万円～270万円程度であったと推定される[3]。そのうち，料飲の費用は95万円程度であったと推定されている。物価変動はそう大差はないと考えられる状況で，挙式料も大きくは違わないとすれば，その他の費用は11万円～150万円と推定され，この変動の大きさがうかがえる。

　また，披露宴の招待客数は，図表 5 − 10の通りである。

　2013年の平均は68.5人となっている。計算すると，披露宴の招待客 1 人当たりの金額は46,656.93円となる[4]。披露宴の招待客数平均は，1990年頃は83.5人（ただし首都圏の数値。全国平均は83.8人）であったので，むしろ減少している。すなわち，招待客 1 人当たり費用は，大きく増加していると推定されるのである。

図表5－10　招待客数の推移

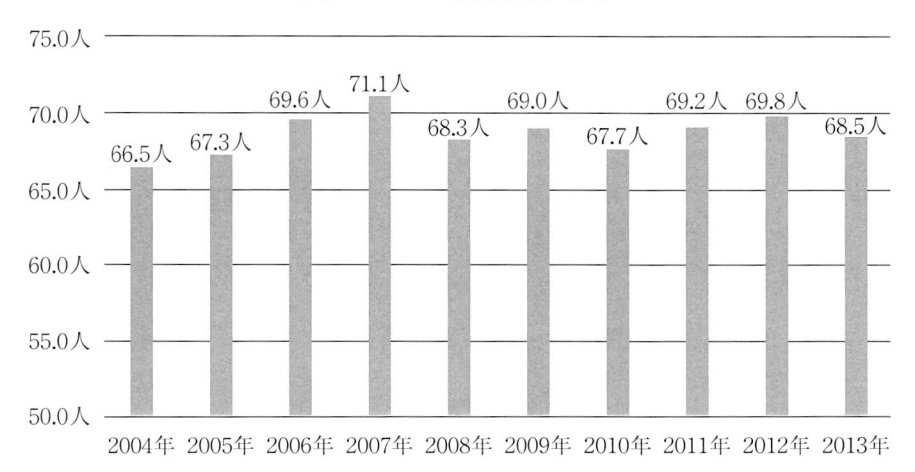

2004年	66.5人
2005年	67.3人
2006年	69.6人
2007年	71.1人
2008年	68.3人
2009年	69.0人
2010年	67.7人
2011年	69.2人
2012年	69.8人
2013年	68.5人

（3）演出に関する検討

　ここで、「その他」に含まれるさまざまな演出について見てみたい。図表5－11から図表5－15は、ともに2013年に挙式と披露宴で行われた演出である。

　多くの挙式において、フラワーシャワーやライスシャワーなどが行われていることがうかがえるだろう。

　ただし、会場によって差もあり、全体的にみるとゲストハウスでのハウス・ウエディングにおいて、多様な対応がなされていることがうかがえよう。

　披露宴では、さらに多様な演出が行われている。特に、ファーストバイトや生い立ち紹介の映像演出、会場装花の持ち帰りなどは、もはや当たり前といっていいぐらいに行われていることが理解できるだろう。

　挙式を行わない場合には、ケーキ入刀とファーストバイトが実質的な「式」となっていることもある。

図表5－11　挙式で行われた演出の推移

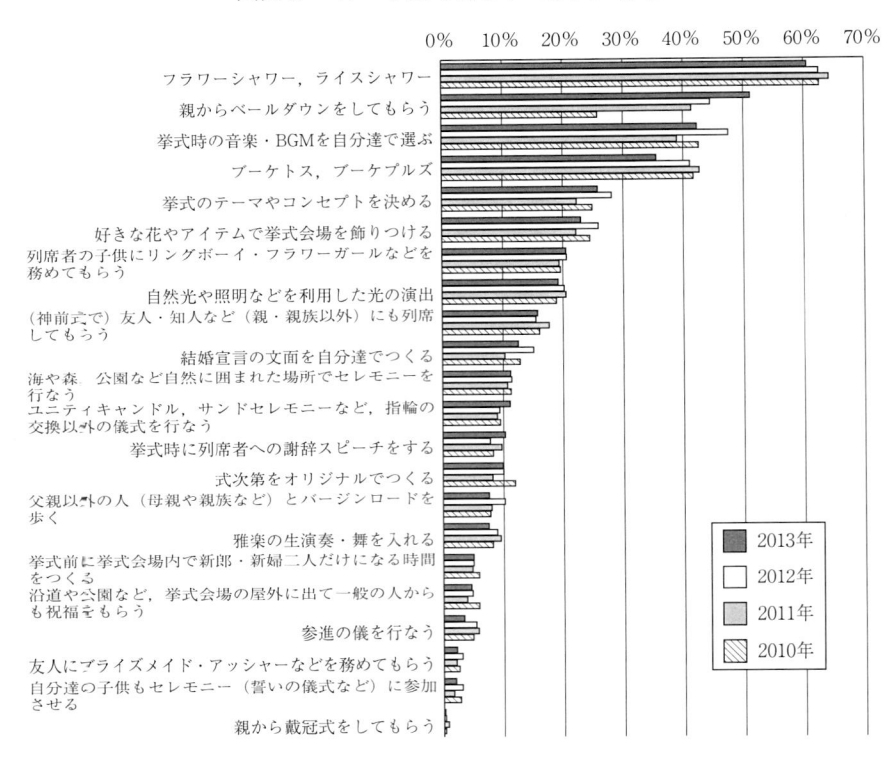

フラワーシャワー，ライスシャワー	
親からベールダウンをしてもらう	
挙式時の音楽・BGMを自分達で選ぶ	
ブーケトス，ブーケプルズ	
挙式のテーマやコンセプトを決める	
好きな花やアイテムで挙式会場を飾りつける	
列席者の子供にリングボーイ・フラワーガールなどを務めてもらう	
自然光や照明などを利用した光の演出	
（神前式で）友人・知人など（親・親族以外）にも列席してもらう	
結婚宣言の文面を自分達でつくる	
海や森，公園など自然に囲まれた場所でセレモニーを行なう	
ユニティキャンドル，サンドセレモニーなど，指輪の交換以外の儀式を行なう	
挙式時に列席者への謝辞スピーチをする	
式次第をオリジナルでつくる	
父親以外の人（母親や親族など）とバージンロードを歩く	
雅楽の生演奏・舞を入れる	
挙式前に挙式会場内で新郎・新婦二人だけになる時間をつくる	
沿道や公園など，挙式会場の屋外に出て一般の人からも祝福をもらう	
参進の儀を行なう	
友人にブライズメイド・アッシャーなどを務めてもらう	
自分達の子供もセレモニー（誓いの儀式など）に参加させる	
親から戴冠式をしてもらう	

凡例：2013年／2012年／2011年／2010年

　生い立ち紹介こそはかつて仲人の主たる役割の1つであったが，仲人を立てなくなった昨今では，過去の写真を組み合わせた映像演出が主流になってきている。

　また，披露宴でもゲストハウスが多くの演出を実施していることも理解できよう。ゲストハウス運営企業の多くがプロデュースからはじまっていることを踏まえると，この多様な演出の実現こそが，ゲストハウス躍進のポイントであったともとらえられよう。

　実施項目を詳細に見てみると，「4．入退場の際のエスコート」，「5．

第5章 セレモニー・ブライダル市場　◎── 57

図表5-12　挙式で行われた演出の会場別一覧

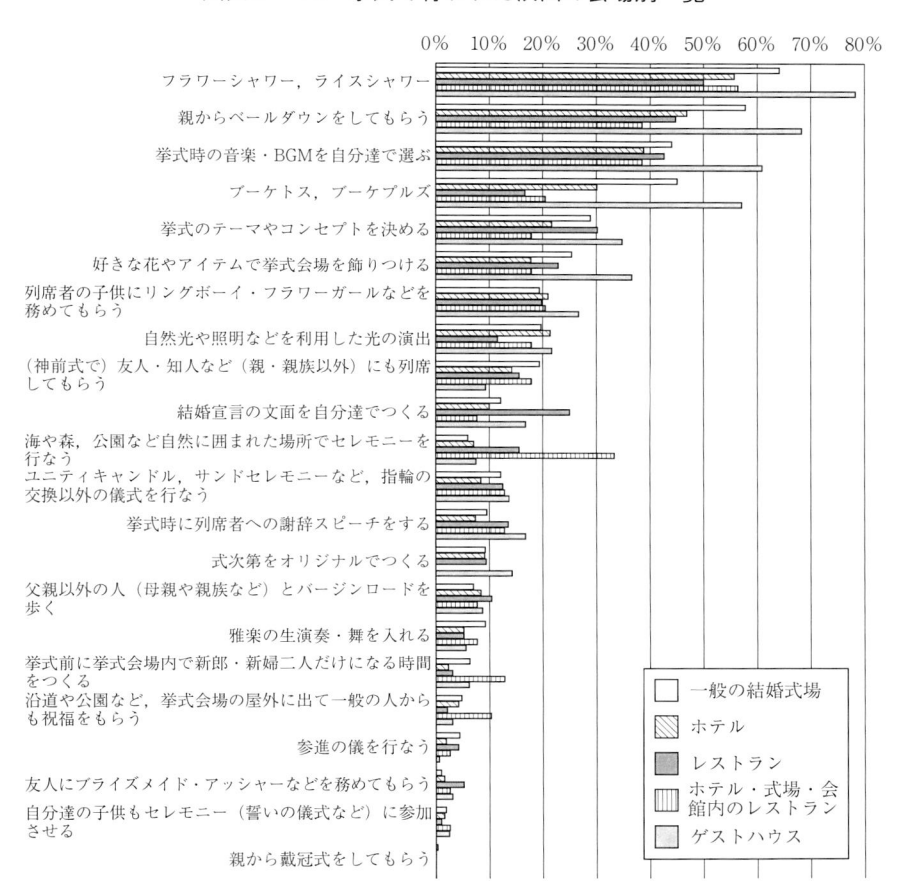

- フラワーシャワー，ライスシャワー
- 親からベールダウンをしてもらう
- 挙式時の音楽・BGMを自分達で選ぶ
- ブーケトス，ブーケプルズ
- 挙式のテーマやコンセプトを決める
- 好きな花やアイテムで挙式会場を飾りつける
- 列席者の子供にリングボーイ・フラワーガールなどを務めてもらう
- 自然光や照明などを利用した光の演出
- （神前式で）友人・知人など（親・親族以外）にも列席してもらう
- 結婚宣言の文面を自分達でつくる
- 海や森，公園など自然に囲まれた場所でセレモニーを行なう
- ユニティキャンドル，サンドセレモニーなど，指輪の交換以外の儀式を行なう
- 挙式時に列席者への謝辞スピーチをする
- 式次第をオリジナルでつくる
- 父親以外の人（母親や親族など）とバージンロードを歩く
- 雅楽の生演奏・舞を入れる
- 挙式前に挙式会場内で新郎・新婦二人だけになる時間をつくる
- 沿道や公園など，挙式会場の屋外に出て一般の人からも祝福をもらう
- 参進の儀を行なう
- 友人にブライズメイド・アッシャーなどを務めてもらう
- 自分達の子供もセレモニー（誓いの儀式など）に参加させる
- 親から戴冠式をしてもらう

凡例：一般の結婚式場／ホテル／レストラン／ホテル・式場・会館内のレストラン／ゲストハウス

親に花束贈呈」，「7．テーブルごとに写真撮影」，「9．招待客一人ひとりにメッセージを書く」といった，親との関係を意識させられたり，招待客を全体としてではなく個別にとらえた対応をしたりする演出が多いことがわかるだろう。つまり，概して，「友人たちとの式」を演出する方向に，特にゲストハウスが力を入れていることがうかがえる。

図表5－13　挙式で行われた演出の会場別一覧（2）

		一般の結婚式場	ホテル	レストラン	ホテル・式場・会館内のレストラン	ゲストハウス
1	フラワーシャワー，ライスシャワー	64.1%	55.7%	50.0%	56.4%	78.3%
2	親からベールダウンをしてもらう	57.8%	46.9%	44.8%	38.5%	68.3%
3	挙式時の音楽・BGMを自分達で選ぶ	44.1%	38.8%	42.7%	38.5%	60.9%
4	ブーケトス，ブーケプルズ	45.1%	30.1%	16.7%	20.5%	57.1%
5	挙式のテーマやコンセプトを決める	28.9%	21.7%	30.2%	17.9%	34.8%
6	好きな花やアイテムで挙式会場を飾りつける	25.4%	17.8%	22.9%	17.9%	36.6%
7	列席者の子供にリングボーイ・フラワーガールなどを務めてもらう	19.4%	21.0%	19.8%	20.5%	26.7%
8	自然光や照明などを利用した光の演出	19.7%	21.4%	11.5%	17.9%	21.7%
9	（神前式で）友人・知人など（親・親族以外）にも列席してもらう	19.4%	14.2%	15.6%	17.9%	9.3%
10	結婚宣言の文面を自分達でつくる	12.1%	10.0%	25.0%	7.7%	16.8%
11	海や森，公園など自然に囲まれた場所でセレモニーを行なう	6.0%	7.1%	15.6%	33.3%	7.5%
12	ユニティキャンドル，サンドセレモニーなど，指輪の交換以外の儀式を行なう	12.1%	8.4%	12.5%	12.8%	13.7%
13	挙式時に列席者への謝辞スピーチをする	9.5%	7.4%	13.5%	12.8%	16.8%
14	式次第をオリジナルでつくる	9.2%	9.1%	9.4%		14.3%
15	父親以外の人（母親や親族など）とバージンロードを歩く	7.0%	8.4%	10.4%	7.7%	8.7%
16	雅楽の生演奏・舞を入れる	9.2%	5.2%	5.2%	7.7%	5.6%
17	挙式前に挙式会場内で新郎・新婦二人だけになる時間をつくる	6.3%	2.3%	3.1%	12.8%	6.2%
18	沿道や公園など，挙式会場の屋外に出て一般の人からも祝福をもらう	4.8%	4.2%	2.1%	10.3%	3.1%
19	参進の儀を行なう	4.4%	1.9%	4.2%	2.6%	0.6%
20	友人にブライズメイド・アッシャーなどを務めてもらう	1.0%	1.6%	5.2%	2.6%	3.1%
21	自分達の子供もセレモニー（誓いの儀式など）に参加させる	1.9%	1.6%	1.0%	2.6%	2.5%
22	親から戴冠式をしてもらう	0.3%				

　前にも述べた通り，近年の結婚式の特徴として挙げられることに，「仲人を立てない」というものがある。1980年代までの「結婚」とは，あくまで「両家の結びつき」が基本であった。こうした前提のもとで，特に80年代後半においては景気上昇とも相まって，「ハデ婚」ともいわれる豪華な挙式・披露宴が多く行われた。

　1990年代になると，結婚に際しての「家と家との結びつき」という意識も，社会構造の変化にともない希薄になり，入籍だけ行って挙式・披露宴は行わないといった形態が注目されることとなった。当時はバブル崩壊後の景気低迷の影響もあり，シンプルな挙式・披露宴をレストランで行うといったスタイルも流行し，これらを総称して「ジミ婚」などともいわれるようになった。

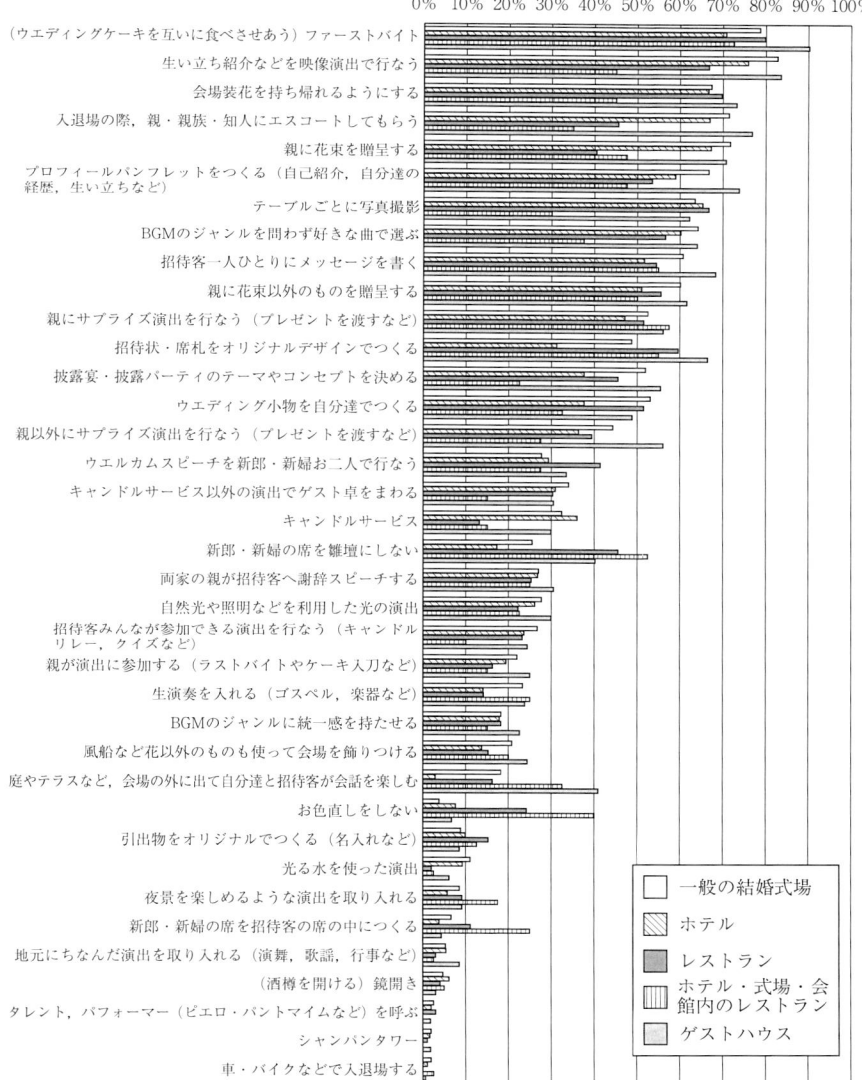

図表5－14　披露宴で行われた演出の会場別一覧

（ウエディングケーキを互いに食べさせあう）ファーストバイト
生い立ち紹介などを映像演出で行なう
会場装花を持ち帰れるようにする
入退場の際，親・親族・知人にエスコートしてもらう
親に花束を贈呈する
プロフィールパンフレットをつくる（自己紹介，自分達の経歴，生い立ちなど）
テーブルごとに写真撮影
BGMのジャンルを問わず好きな曲で選ぶ
招待客一人ひとりにメッセージを書く
親に花束以外のものを贈呈する
親にサプライズ演出を行なう（プレゼントを渡すなど）
招待状・席札をオリジナルデザインでつくる
披露宴・披露パーティのテーマやコンセプトを決める
ウエディング小物を自分達でつくる
親以外にサプライズ演出を行なう（プレゼントを渡すなど）
ウエルカムスピーチを新郎・新婦お二人で行なう
キャンドルサービス以外の演出でゲスト卓をまわる
キャンドルサービス
新郎・新婦の席を雛壇にしない
両家の親が招待客へ謝辞スピーチする
自然光や照明などを利用した光の演出
招待客みんなが参加できる演出を行なう（キャンドルリレー，クイズなど）
親が演出に参加する（ラストバイトやケーキ入刀など）
生演奏を入れる（ゴスペル，楽器など）
BGMのジャンルに統一感を持たせる
風船など花以外のものも使って会場を飾りつける
庭やテラスなど，会場の外に出て自分達と招待客が会話を楽しむ
お色直しをしない
引出物をオリジナルでつくる（名入れなど）
光る水を使った演出
夜景を楽しめるような演出を取り入れる
新郎・新婦の席を招待客の席の中につくる
地元にちなんだ演出を取り入れる（演舞，歌謡，行事など）
（酒樽を開ける）鏡開き
タレント，パフォーマー（ピエロ・パントマイムなど）を呼ぶ
シャンパンタワー
車・バイクなどで入退場する

凡例：
□ 一般の結婚式場
▨ ホテル
■ レストラン
▥ ホテル・式場・会館内のレストラン
▤ ゲストハウス

図表5−15 披露宴で行われた演出の会場別一覧(2)

		一般の結婚式場	ホテル	レストラン	ホテル・式場・会館内のレストラン	ゲストハウス
1	(ウエディングケーキを互いに食べさせあう)ファーストバイト	78.6%	70.7%	79.8%	72.5%	90.2%
2	生い立ち紹介などを映像演出で行なう	82.7%	75.8%	66.7%	45.0%	83.5%
3	会場装花を持ち帰れるようにする	67.3%	66.6%	69.7%	45.0%	73.2%
4	入退場の際、親・親族・知人にエスコートしてもらう	71.4%	66.9%	45.5%	35.0%	76.8%
5	親に花束を贈呈する	71.7%	67.2%	40.4%	47.5%	70.7%
6	プロフィールパンフレットをつくる(自己紹介,自分達の経歴,生い立ちなど)	66.7%	58.9%	53.5%	47.5%	73.8%
7	テーブルごとに写真撮影	63.5%	65.3%	66.7%	30.0%	62.2%
8	BGMのジャンルを問わず好きな曲で選ぶ	64.2%	60.2%	56.6%	37.5%	64.0%
9	招待客一人ひとりにメッセージを書く	60.7%	51.6%	54.5%	55.0%	68.3%
10	親に花束以外のものを贈呈する	60.1%	51.0%	55.6%	50.0%	61.6%
11	親にサプライズ演出を行なう(プレゼントを渡すなど)	52.5%	47.1%	51.5%	57.5%	56.1%
12	招待状・席札をオリジナルデザインでつくる	48.7%	31.2%	59.6%	55.0%	66.5%
13	披露宴・披露パーティのテーマやコンセプトを決める	51.9%	37.6%	45.5%	22.5%	55.5%
14	ウエディング小物を自分達でつくる	53.1%	37.6%	51.5%	32.5%	48.8%
15	親以外にサプライズ演出を行なう(プレゼントを渡すなど)	44.3%	36.3%	39.4%	27.5%	56.1%
16	ウエルカムスピーチを新郎・新婦お二人で行なう	27.7%	29.3%	41.4%	27.5%	33.5%
17	キャンドルサービス以外の演出でゲスト卓をまわる	34.0%	30.9%	30.3%	15.0%	30.5%
18	キャンドルサービス	32.4%	36.0%	13.1%	15.0%	29.9%
19	新郎・新婦の席を雛壇にしない	25.5%	17.2%	45.5%	52.5%	40.2%
20	両家の親が招待客へ謝辞スピーチする	27.0%	26.8%	25.3%	25.0%	30.5%
21	自然光や照明などを利用した光の演出	27.7%	26.1%	22.2%	22.5%	29.9%
22	招待客みんなが参加できる演出を行なう(キャンドルリレー、クイズなど)	26.7%	23.6%	23.2%	10.0%	24.4%
23	親が演出に参加する(ラストバイトやケーキ入刀など)	22.0%	19.4%	16.2%	15.0%	25.0%
24	生演奏を入れる(ゴスペル、楽器など)	23.3%	14.0%	14.1%	25.0%	23.8%
25	BGMのジャンルに統一感を持たせる	18.2%	17.8%	18.2%	15.0%	22.6%
26	風船や花以外のものも使って会場を飾りつける	20.8%	13.7%	15.2%	20.0%	24.4%
27	庭やテラスなど、会場の外に出て自分達と招待客が会話を楽しむ	18.2%	2.9%	16.2%	32.5%	40.9%
28	お色直しをしない	3.8%	7.6%	24.2%	40.0%	6.7%
29	引出物をオリジナルでつくる(名入れなど)	8.8%	9.9%	15.2%	12.5%	8.5%
30	光る水を使った演出	11.0%	9.2%	2.0%	2.5%	6.1%
31	夜景を楽しめるような演出を取り入れる	8.5%	5.7%	9.1%	17.5%	9.1%
32	新郎・新婦の席を招待客の席の中につくる	6.6%	3.8%	11.1%	25.0%	4.3%
33	地元にちなんだ演出を取り入れる(演舞、歌謡、行事など)	5.3%	5.4%	3.0%	2.5%	8.5%
34	(酒樽を開ける)鏡開き	4.7%	6.1%	4.0%	5.0%	3.0%
35	タレント、パフォーマー(ピエロ・パントマイムなど)を呼ぶ	2.5%	1.9%	3.0%		1.8%
36	シャンパンタワー	1.9%	1.6%	1.0%		1.8%
37	車・バイクなどで入退場する	1.9%	1.0%		2.5%	0.6%

2000年代には、この「個人」というキーワードがさらに進展した。携帯電話の普及に象徴されるように、個人主義が大いに広まり、さらに終身雇用制」の崩壊によって、披露宴には友人・知人を軸として招待し、仕事の

関係者は呼ばないという方向性も増えていった。友人・知人を「もてなす」という発想から，90年代後半から出現してきた多面的な応用的サービスを提供する「ゲストハウス」が全盛となり，あたかも「自分の家」に友人たちを招いて自分たちのオリジナルなパーティーを行うといった考え方が主流になってきた。披露宴専用のスペースで，新郎新婦の生い立ち紹介などのさまざまなアトラクションが行われ，デザートブッフェに代表される色々な「おもてなし」が増加し，披露宴の費用は増加してゆくことになったのである。

これは，家を軸とした考え方から，個人と個人との新しい関係性構築への変化ととらえられる。これまでは家と職場を軸としつつ，そこに新しい関係が生じるための儀式であったが，現在では個人ベースの関係という部分に重点が置かれるようになってきている。

ブライダルにおいては，本来は顧客である新郎新婦（と場合によってはその両親）が，「もてなす側」でもあるということがポイントである。こうした場合には，主体間の関係性に，通常とは異なる特性が生じることになる。そのため，現在生じているブライダルの変化は，関係性のマネジメントにおける変化であるともとらえられるだろう。

4．セレモニー・ブライダルに関わる職種

以上のような多様な演出を含む挙式・披露宴を成立させるための職種のうち，主要なものをまとめておきたい。

（1）プランナー（ウエディング・プランナー／ブライダル・プランナー／ブライダル・コーディネーター）

顧客に直接応対し，顧客の希望や予算などに応じて，挙式や披露宴の内容について決定し，関係する各部署，外部業者とのやり取りなどをする仕

事である。接客対応をしつつマーケティング機能を担いながら，商品構成も行うという難しい仕事であるが，この職種の能力が成約の鍵となる。

（2）バンケット・サービス

挙式や披露宴でのサービス提供全般を行う職種である。時間的制約の厳しい中で，全体の進行状況に合わせて招待客にサービス提供を行う必要があるため，それに合わせた適切なマネジメントが必要とされる。

また，配膳会という名称のウェイター専門の派遣組織もあり，スタッフの一部はこうした組織から派遣されてくることになる場合もあるため，内外のスタッフのチームワークを意識する必要もある。

（3）ドレス・コーディネーター

新郎新婦の衣裳のみならず，場合によってはヘアメイクやアクセサリーまでトータルにコーディネートする仕事である。挙式と披露宴で衣裳を変える場合や，お色直しによって数着を用意しなくてはならない場合など多様な希望に応える必要がある。特にホテルなどの場合には，外部業者が衣裳室として入っていることも多い。

（4）介添人

新郎新婦と，場合によっては両家の親族に専門に付き添う役割の仕事である。案内や移動時のサポート，さまざまな演出に関する指示などを，主役である新郎新婦や両家の親族に対して行うことになる。

（5）テーブル・コーディネーター

テーブルウェアや席札などの小物などを選び，セッティングを行っていく仕事である。席札のように招待客一人ひとりが異なるものを適切に揃えなくてはならないため，緻密さが求められる。

（6）フラワー・コーディネーター（フラワー・デザイナー／フラワー・アーティスト）

　挙式・披露宴を通して必要なありとあらゆる花に関する業務を行う。新郎新婦のブーケやブートニア，受付のテーブル，メインテーブル，ゲストテーブルなどの装花を決め，それらの装飾を実際に行うことになる。特にホテルの場合，多くは外部業者が担当している。

（7）ヘアメイク

　新郎新婦，特に新婦のヘアスタイルに関する仕事を行う。髪飾りからセットまで行うが，衣裳との整合性によって髪型も当然変化することになるため，ドレス・コーディネーターとの連携が重要となる。

（8）司　会

　かつては友人・知人が行うことも多かったが，近年ではプロの司会を立てることが多くなっている。セミナーでの司会などと異なり，幅広い年齢層，文化的背景，価値観を持つ列席者がいるため，招待客全般に目を行き届かせながら司会・進行を行わなくてはならない。また，新郎新婦も列席者も，事前の段取りをすべて覚えているわけではなく，さまざまな事情により一部の段取りが変更になることもあるため，きわめて不確実性の高い環境においての進行役もこなす必要がある。

（9）音響・照明

　演出の多様化にともない，音響や照明についてもさまざまな新しい試みがなされるようになってきた。そのため，専門の業者が一括して音響や照明を担当することが多くなってきている。最近ではLEDやレーザー光線なども効果的に取り入れられてきているのが特徴である。

(10) その他

　最近では演出に光る液体を用いたり，巨大なクラッカーを用いたりすることがはやってきているが，こうした演出の流行変化に合わせて，外部の調達業者とうまく連携を図っていく必要がある。また，そういった演出全般をプロデュースする企業との提携を行っているケースも存在する。

　もちろん写真室・写真撮影や動画の撮影も重要で，これも外部業者に委託しているケースが多い。

　また，挙式においては司式と呼ばれる牧師や，賛美歌を歌う聖歌隊なども必要とされることになる。このような人たちを揃える外部業者もいる。

　まだまだ他にもセレモニー・ブライダルに関係する主体は存在するが，何より重要なのは，それぞれの主体間の関係性をいかにマネジメントするかであり，こうしたことがうまくなされている企業では，実際に利用したカップルの満足度も高くなる傾向にあることはいうまでもない。

（徳江順一郎）

【注】

1) 五一嵐・村瀬［2007］.
2) 石井研士［2005］.
3) ボイス情報［1990］より。この段落の1990年頃の数値も，これにもとづく。
4) 単純に平均から平均を割った数字である。サンプルごとに割ったものは，挙式も含めた数字だが，6.0万円という数値が報告されている。

第6章

海外への展開

1. 海外ウエディングとは

　結婚式の様式のうち，海外で挙式を行うものを海外ウエディングと呼ぶ。その多くが宗教的な意味合いや現地の慣習でセレモニーを執り行うことは少なく，そのほとんどが法的効力を持たない「神様の祝福」を意味する「ブレッシング」としてのウエディングである。現在，およそ10組のうち1組が海外ウエディングを選ぶといわれ，その割合はここ10～15年，大きく変動せずに一定層のカップルに選ばれているという。
　この海外ウエディングに関して，本章で考察する。

（1）海外ウエディングの歴史
　まず，この「海外で挙式をする」というウエディング・スタイルは，いつごろから確立したのかまとめておく。
　戦後，式とともに結婚披露宴をホテルや専門式場にて行うスタイルが庶民の間でも流行しはじめ，冠婚葬祭互助会が事業をスタートするなど，高度経済成長期とあいまって日本でブライダル業界が本格的な盛り上がりを見せる。
　そんな中，「海外で挙式を」というニーズが少しずつ生まれてくる。1970年代には，JTBがオーストラリア等で日本人の挙式を執り行えるよう地元教会と交渉を試みたり，ワタベウェディングがハワイ・ホノルル店

をオープンしたりなど，海外での挙式サポートに乗り出す企業も徐々に現れる。

1980年代後半のバブル期には世の中全体に経済的な余裕が生まれ，結婚式や披露宴も豪華になっていき，消費者による欲求の多様化が生じる。それにつれて，ハデ婚，こだわり婚などとともに，海外挙式もスタイルの1つとして浸透しはじめるようになった。そして1993年（平成5年）に結婚情報誌『ゼクシィ』，1996年（平成8年）に『ゼクシィ海外ウエディング完全ガイド』がそれぞれ登場，これまで親の紹介や口コミなどが主流であった会場や各ウエディング・アイテム選びが，自分たちで会場設備やプラン，費用などの特長を比較検討し，数ある中から理想の結婚式会場や挙式場，手配会社を選べるようになった。

海外ウエディングにおいて，もともと衣裳店から事業展開した会社が多くみられるのは，衣裳を製造し結婚式会場に卸すのが主たる事業であるために，国内で競合となりうる会場ビジネスに展開しづらかった一方で，海外挙式でもカップルは国内で衣裳を探すのが一般的であるなど，衣裳ビジネスならではのノウハウを活用できるとともに，国内では難しい会場運営が海外では展開しやすいため，といった理由が考えられる。衣裳店から海外ウエディングの手配会社となったところは，国内で試着・マイサイズに調整したドレスが現地のサロンに用意される（ただし挙式エリアによる）という，新郎新婦が自ら日本から手荷物で衣裳を現地に運ぶ手間がかからないサービスを行っているところも多くあり，利用するカップルも多い。

（2）海外ウエディングの実施エリア

海外ウエディングの場合，「どの国で挙式をするか」を最初に検討する必要があり，当然ながらそこが日本国内での挙式と大きく異なる点である。ハワイやグアム，モルディブに代表されるビーチリゾートからイタリア，フランスのような歴史の薫るエリア，バリ島やタイなどの緑豊かで神秘的

写真6-1　バリ島での花あふれるセッティング

出所：著者提供（以下同様）。

な雰囲気の漂うアジアン・リゾートなど，世界中のすべてが挙式場所となりえる。

　そのため，希望する挙式スタイルや挙式会場の有無，距離や費用など諸条件以外にも，国や地域の文化や特徴，そして地理的に異なる雨季や乾季といった季節も考慮して挙式エリアを絞り込む必要がある。

　国ごとに「雨量が少なめで快適な気温である乾季」など，気候の安定した過ごしやすいベストシーズンがあり，年間の中でもウエディングに最適な時期となる。特に海外ウエディングの場合，多くのカップルが挙式以外にフォトツアーと呼ばれる海外らしい絶景をバックにした写真撮影を重視し，実施していることから，天気の状態は気になるところとなる。

　しかし，オフシーズンであっても「観光地が混雑せず，移動がスムーズ」，「航空券や宿泊費などの旅費が比較的お得」などといったメリットもある。

図表6−1　地域ごとの気候特性（白抜き矢印：乾季，黒矢印：雨季）

		1月	2月	3月	4月	5月	6月	7月	8月	9月	10月	11月	12月
ハワイ	年間を通して温暖なエリア。雨季でもスコールのように一日中雨が降り続くことは少ない。	←|乾|→			←|乾|→	6月11日はハワイ州祝日「キング・カメハメハ・デー」			州最大の「アロハフェスティバル」が開催		
グアム	常夏のエリア。日本から近くて時差が少ない。9〜10月は台風シーズン。		←|乾|→		グアムを発見した日を祝う「ディスカバリー・デー」		←|雨|→				←|乾|→	
バリ島	赤道に近く，年間平均気温は約28℃。年2回のお盆と正月に「ニュピ」がある（時期は年で異なる）。	←|雨|→			←|乾|→							←|雨|→
オーストラリア	両半球に位置し，日本と季節が逆。国土が広大なため，エリアによって気候もさまざま。	←|雨|→ 1月24日はオーストラリア建国記念日			←|乾|→						←|雨|→	
イタリア	日本と同じように国土が細長く，四季がある。地中海性気候で温暖かつ雨が比較的少ない。			←|雨|→ 各所でカーニバルが開催される		「復活祭（イースター）」	←|乾|→				←|雨|→ 聖なる祝日の「クリスマス」	
モルディブ	サンゴ礁に守られた小さな島々の群がるエリア。熱帯性気候で年平均気温は26〜33℃。		←|乾|→				←|雨|→ 7月26日は独立記念日	ラマダン（断食月）の時期			←|乾|→	

出所：著者作成。

　いずれにしても，エリア決定に際して挙式時期における季節は大事な検討材料の1つになる。

　図表6−2が示す通り，人気の渡航先は「ハワイ」「グアム」「ヨーロッパ」の順となっている。特にハワイは不動のNo.1エリアである。海や山といった南の島らしい自然美を堪能できると同時に，ショッピングや食べ歩きなどの街観光も楽しめ，日本語も通じやすいエリアのため，新郎新婦はもちろん，子供から大人まですべてのゲストが安心して滞在できることなどが人気の理由として挙げられる。ハワイで挙式するカップルのうち，およそ99％は旅行渡航先としても親しみのあるオアフ島を挙式場所として選択している。オアフ島がハワイの玄関口で交通の便が良いことはもちろん，「日本人が挙式できる会場が豊富で，多種の中からスタイルを選べ

第6章　海外への展開　◎──69

図表6－2　海外挙式の実施地域（全体／単一回答）

		調査数	ハワイ	グアム	ヨーロッパ	アジア（ビーチ含む）	オーストラリア	南太平洋インド洋	アメリカ	ニュージーランド	サイパン	カナダ	カリブ	その他	無回答
全体	13年	423	53.0	22.5	10.2	7.1	3.3	2.8	0.9	―	―	―	―	0.2	―
	12年	426	59.2	20.4	6.1	6.6	3.3	1.6	0.7	―	1.6	―	0.2	0.2	―
	11年	418	53.3	23.4	7.2	7.3	2.4	1.0	―	―	1.2	―	―	―	―
	10年	433	47.1	21.9	9.5	10.2	4.6	3.0	1.4	0.7	0.9	―	0.5	0.2	―
	09年	355	50.4	19.7	6.8	7.9	6.8	4.2	1.4	0.8	1.1	0.6	―	―	0.3
	08年	418	49.0	23.2	6.9	6.0	7.7	5.0	0.7	0.2	1.0	―	―	0.2	―
	07年	414	50.5	24.4	6.5	3.6	8.2	4.1	0.5	0.5	1.4	0.2	―	―	―
地域別	首都圏	258	53.5	20.2	9.3	8.1	4.3	3.5	1.2	―	―	―	―	―	―
	東海	63	47.6	28.6	12.7	7.9	3.2	―	―	―	―	―	―	―	―
	関西	102	54.9	24.5	10.8	3.9	1.0	2.9	1.0	―	―	―	―	1.0	―

出所：『ゼクシィ海外ウエディング調査2013』より。

る」，「ヘアメイクやコーディネーターが日本人であることが多く，安心できる」，「ゲストが楽しめる施設や場所が多く，一緒に行動しなくても大丈夫」，「和食から西洋，アジアまで各国料理のレストランが街中にあり，年配ゲストがいても楽しめる」などが選ばれる理由のようである。

　グアムも青い空，青い海が広がり，年間を通して過ごしやすい気候でありながら日本からの距離が近いため，「長期で休暇が取りにくい」，「移動に不安のあるゲストがいる」などのカップルにも支持されている。また，ここも日本語が比較的通じやすいエリアのため，海外に不慣れなゲストがいても安心，という声もある。

　次いでヨーロッパでは「イタリア」を選択した人が54％と最も多く，

写真6−2　屋外でのセレモニー

「フランス」が35％で続く。地中海などリゾートを堪能できる海もあり，中世ヨーロッパの面影を残す街並みや世界遺産，古城など，お姫様気分を味わえる雰囲気に憧れる花嫁も多い。ハネムーンを兼ねて数ヵ国の周遊をするなど，長めに滞在するカップルが多いのもヨーロッパならではである。

　他にも，アジアエリアの中では「バリ島」を選択するカップルが97％と突出している。他に比べて挙式会場の選択肢が多く，エキゾチックな音楽や装飾といった南国情緒溢れる雰囲気でセレモニーが挙げられること，比較的リーズナブルにラグジュアリー・ホテルでの滞在がかなうこと，花代が比較的安価で，例えば花びらで作られたバージンロードで挙式ができるなど，花嫁の心をくすぐる演出ができたりするために選ばれているようである。

図表6-3　挙式場所の選択理由（全体／複数回答）

		調査数	結婚式だけでなく、それ以外の時間も楽しめるから	気に入った教会・挙式会場があったから	以前からその国・エリアで結婚式をすることに憧れていたから	気候、季節がその時期によかったから	以前から行ってみたい国・エリアだったから	結婚式のための環境が整っているから	列席者を呼びやすいから	費用が手頃だから	親孝行をしたかったから（親孝行になるから）	親が希望していたから	準備に手間がかからないから	夫が希望していたから	二人にとって、思い出のある国・エリアだったから	兄弟姉妹や友人が、この国・エリアで挙式をしたから	友人・知人に勧められたから	親がこの国・エリアで挙式をしたから	その他	無回答
全体	13年	423	66.0	42.1	34.3	33.6	30.5	26.2	26.0	24.3	21.5	12.1	8.3	7.6	6.9	2.8	2.4	0.7	14.2	―
	12年	426	66.4	44.6	35.4	30.3	25.6	23.7	31.7	27.0	24.4	7.7	7.3	8.9	9.2	4.5	2.3	1.2	11.5	―
	11年	418	69.6	43.8	34.9	35.4	29.7	27.8	28.2	29.0	30.1	28.5	9.1	8.6	12.0	8.1	4.5	3.1	1.2	12.4
地域別	首都圏	258	68.6	41.5	33.7	35.7	31.0	25.6	27.9	23.3	22.5	12.8	7.8	7.4	7.8	2.7	2.7	0.8	13.2
	東海	63	63.5	44.4	34.9	36.5	31.7	28.6	25.4	28.6	25.4	9.5	7.9	4.8	1.6	6.3	―	―	14.3
	関西	102	60.8	42.2	35.3	26.5	28.4	26.5	21.6	24.5	16.7	11.8	9.8	9.8	1.0	2.9	1.0	16.7
地域別挙式実施	ハワイ	224	77.2	43.3	43.8	38.8	31.3	37.9	21.9	9.8	27.2	17.0	8.0	8.0	6.7	3.1	3.1	1.3	9.4
	ヨーロッパ	43	83.7	39.5	39.5	25.6	55.8	7.0	―	7.0	9.3	―	2.3	14.0	2.3	―	―	―	9.3
	グアム	95	36.8	42.1	16.8	29.5	9.5	18.9	53.7	65.3	20.0	9.5	14.7	1.1	7.4	5.3	1.1	―	26.3
	アジア（ビーチ含む）	30	56.7	46.7	13.3	16.7	26.7	10.0	23.3	40.0	6.7	―	6.7	16.7	13.3	―	―	―	6.7

出所：『ゼクシィ海外ウエディング調査2013』より。

　ここで改めて挙式エリアを選んだ理由を見てみると，「結婚式だけでなく，それ以外の時間も楽しめるから」が最も多く，海外ウエディングを「セレモニー」としてだけではなく，「旅行」ととらえて国・エリア選びをしている様子が伺える。次いで「気に入った教会・挙式会場があったから」，「以前からその国・エリアで結婚式をすることに憧れていたから」と，その国・エリアでの挙式イメージを，ある程度持ったうえで選択していることがわかる。ゲストの顔ぶれや現地での過ごし方，ハネムーン，理想の挙式会場やそのシチュエーションなど，ふたりが挙式やその後の旅行で何を大切にしたいかがエリア選びのポイントとなる。

(3) 海外ウエディングの挙式会場スタイル

　世界中が挙式エリアとなりえるため、海外ウエディングではあらゆる場所が誓いの舞台となる。

　日本人の好む西洋スタイルの挙式にふさわしい厳かで神聖な教会や海辺など景色が美しい場所に建つチャペル、滞在からパーティーまで移動の心配なく安心感のあるサービスを提供してくれるホテル、本物の古城や宮殿、世界遺産、本場テーマパークやそこにしかない景色など、場所そのものはもちろん、伝統や民族文化などの現地の習慣に則った挙式会場まで、あらゆるバリエーションの会場タイプが存在する。国内と比べて会場の選択肢の幅が広いことも海外ウエディングの特徴である。

　実際におよそ70％のカップルが選ぶのは教会やチャペルだが、そこでは多くが「ブレッシング・ウエディング」のスタイルとなる。信者でなくてもセレモニーが可能だが、戸籍上夫婦であることが挙式の条件となるところが多く、その場合は事前に日本で入籍し、自治体で発行される婚姻受理証明書の持参を求められる。

図表6－4　会場ごとの特徴

	教　会	チャペル	ホテル	古城・宮殿	大自然の中	テーマパーク
特徴	地域の人々にとって信仰の場である教会。長い歴史を持つところも多く、王侯貴族も訪れたなど由緒あるところも。	結婚式専用の建物で、祭壇から海を望むことができるなどの景色が美しい場所に建つものも多い。	アクセスのいい場所に立つことが多い。敷地内のチャペルやガーデン、ガゼボで挙式を行う。施設やサービスが充実している。	ヨーロッパを中心に、実際に歴史の舞台となった城や宮殿で挙式ができるところもある。	海外ならではの壮大なスケールの大自然を舞台に挙式ができるところも。動物たちと触れ合えるエリアもある。	エンターテイメント性に溢れたテーマパークや、アメリカ・ラスベガスにあるドライブスルー挙式など、ユニークなスタイルで挙式可能なところも。

出所：著者作成。

一方，会場によっては海外で現地の民法に則って結婚式を挙げる「リーガル・ウエディング」のスタイルを選択できるところもある。リーガル・ウエディングの場合は，未入籍であることが条件となる。日本で婚姻届に添えてリーガル・ウエディングで得られる結婚証明書を提出することにより，日本の戸籍に「○○（国や州）にて婚姻」等の記載がなされる。現地の役場にも婚姻の記録が残り，法的な効力があるが，国や州によって法律が異なるため，手続きもさまざまである。例えばハワイの場合，挙式前日までにマリッジライセンスの交付手続きを行い，保険局でのインタビュー（英語）後，マリッジライセンスを受け取る。挙式当日に受け取ったマリッジライセンスを挙式会場へ持参し，挙式後に新郎新婦，証人2名，牧師がサインをし，保険局へ郵送すると，帰国後に結婚証明書が届くという流れになっている（2013年（平成25年）現在）。個人でのリーガル・ウエディングの諸手続きも可能だが，一部手続きを代行したり，現地でのインタビューに付き添ったりするサービスを行う海外ウエディング・プロデュース会社もある。

挙式会場の特徴のほかに，ブレッシングかリーガルかの希望によって選択する会場が異なるのも，海外ウエディングならではである。

（4）旅行期間とゲスト数

海外ウエディングの場合，セレモニーを含む旅行期間は，平均7.5日となっている。およそ77％のカップルがハネムーンを兼ねており，例えば滞在前半は挙式＋ゲストとの旅行，後半はハネムーン，などと期間内で過ごし方にバリエーションをつけている人もいるようである。

挙式をした月を見ると，10月，6月，5月と続く。8月や12月，1月といった時期は渡航費や宿泊費のオンシーズンとなるためか，夏休みや冬休みがあったとしても実施は多くない。

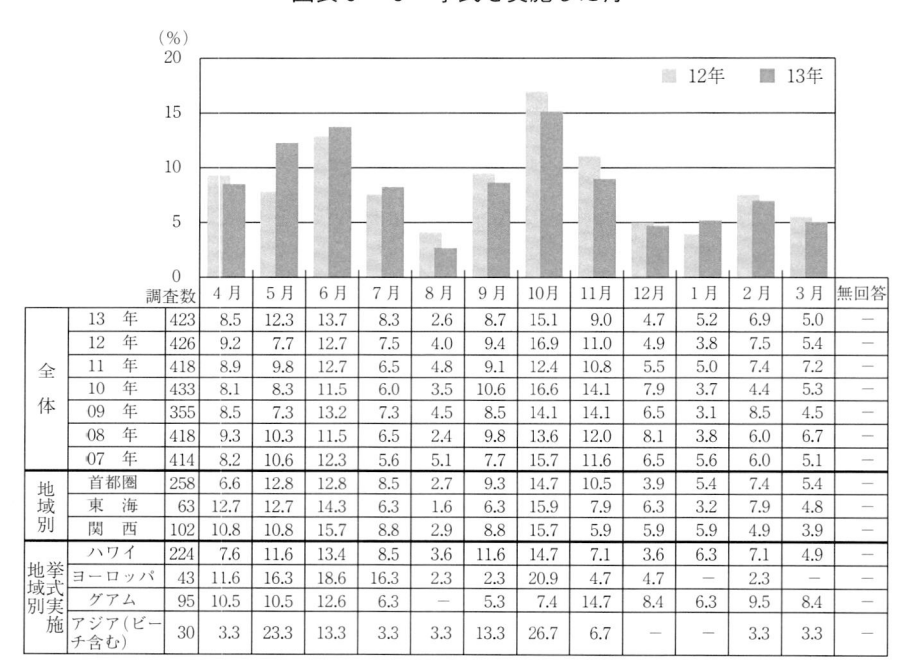

図表6－5　挙式を実施した月

		調査数	4月	5月	6月	7月	8月	9月	10月	11月	12月	1月	2月	3月	無回答
全体	13年	423	8.5	12.3	13.7	8.3	2.6	8.7	15.1	9.0	4.7	5.2	6.9	5.0	－
	12年	426	9.2	7.7	12.7	7.5	4.0	9.4	16.9	11.0	4.9	3.8	7.5	5.4	－
	11年	418	8.9	9.8	12.7	6.5	4.8	9.1	12.4	10.8	5.5	5.0	7.4	7.2	－
	10年	433	8.1	8.3	11.5	6.0	3.5	10.6	16.6	14.1	7.9	3.7	4.4	5.3	－
	09年	355	8.5	7.3	13.2	7.3	4.5	8.5	14.1	14.1	6.5	3.1	8.5	4.5	－
	08年	418	9.3	10.3	11.5	6.5	2.4	9.8	13.6	12.0	8.1	3.8	6.0	6.7	－
	07年	414	8.2	10.6	12.3	5.6	5.1	7.7	15.7	11.6	6.5	5.6	6.0	5.1	－
地域別	首都圏	258	6.6	12.8	12.8	8.5	2.7	9.3	14.7	10.5	3.9	5.4	7.4	5.4	－
	東海	63	12.7	12.7	14.3	6.3	1.6	6.3	15.9	7.9	6.3	3.2	7.9	4.8	－
	関西	102	10.8	10.8	15.7	8.8	2.9	8.8	15.7	5.9	5.9	5.9	4.9	3.9	－
地域別挙式実施	ハワイ	224	7.6	11.6	13.4	8.5	3.6	11.6	14.7	7.1	3.6	6.3	7.1	4.9	－
	ヨーロッパ	43	11.6	16.3	18.6	16.3	2.3	2.3	20.9	4.7	－	2.3	－	－	－
	グアム	95	10.5	10.5	12.6	6.3	－	5.3	7.4	14.7	8.4	6.3	9.5	8.4	－
	アジア(ビーチ含む)	30	3.3	23.3	13.3	3.3	3.3	13.3	26.7	6.7	－	－	3.3	3.3	－

出所：『ゼクシィ海外ウエディング調査2013』より。

　日本で梅雨にあたる6月は，ハワイをはじめヨーロッパ，オーストラリアなど多くのエリアでは気候の安定した初夏または初秋の季節であり，旅行シーズンとしてもオフにあたるため人気が高い。また，6月に結婚式を挙げる花嫁を「ジューン・ブライド」と呼び，西洋ではこの月に結婚すると幸せになるという言い伝えがあることから，あえて選択する花嫁も少なくない。

　ゲストについては，海外であってもおよそ80％のカップルは列席者がいると答えている。移動時間や費用，休暇取得日数などのハードルが高いためか，ハワイやグアム，アジア地域は「列席者あり」が80％を超える

ものの，ヨーロッパではおよそ40％にとどまる。

　列席者数は平均およそ10人，親兄弟を基本に親友数人の構成が主流で，国内でのウエディングの平均およそ73人（全国平均）と比べるとゲストが厳選されていることがわかる。その分，形式にとらわれないアットホームな雰囲気での挙式が実現できるともいえる。

　ちなみに新郎新婦が負担する費用は，両家の親とふたりの渡航費，宿泊費，挙式料，現地でのパーティー代，その他ウエディングにかかる費用が主で，ゲストについては自己負担で参列していただき，その代わりにご祝儀を辞退するカップルが多いという。その場合であっても，挙式当日の移動や現地パーティーについてはふたりが費用を負担して招待するなど，時間とお金をかけて祝福に駆けつけてくれるゲストへの配慮は欠かせない。

（5）海外ウエディングにかかる費用

　「海外＝お金がかかりそう」というイメージがつきまとうが，海外ウエディング総額は平均およそ160万円と，国内での結婚式総額の平均およそ340万円の半分程度である。国内よりもゲスト人数が絞られることと，結婚式のメインが「挙式」なのか「披露宴パーティー」なのかが大きく差をつけるポイントである。「披露宴パーティー」がメインとなる国内では，ゲスト人数分の料理や飲物，引出物などにお金がかかり総額も大きくなるが，海外ではゲストが限られているため「挙式」がメインとなり，式後はカジュアルなパーティーや会食でもてなすのが一般的であるため，国内と比べて費用がかからないと考えられる。

　しかしながら，国内での結婚式ではゲストからのご祝儀を結婚式費用に充てることができるが，海外の場合は渡航費をゲスト負担とする代わりにご祝儀をいただかないスタイルが多く，国内に比べると自己負担する割合は大きくなる。ゆえに，総額には差があるが，新郎新婦が負担する結婚式費用そのものはおそらく海外も国内もさほど大きく変わらないと思われる。

図表6-6　国内外のウエディング比較

	総額（およそ）	ゲスト人数	メインとなるもの
海外ウエディング	160万円	10人	挙式
国内でのウエディング （全国平均）	340万円	73人	披露宴パーティー

出所：『ゼクシィ海外ウエディング調査2013』，『ゼクシィ結婚トレンド調査2013』より著者作成。

　一方，国内でのウエディングの場合，結婚式とは別にハネムーンにおよそ60～70万円ほどかけていることを考慮すると，ハネムーンを兼ねて挙式を行う海外ウエディングのほうが総体的に費用はかからない，という見方もできる。

(5) 海外ウエディングと披露宴パーティー

　これまでも少しふれてきたが，海外ウエディングの場合，セレモニーが主目的となるため，国内のような「披露宴」はほとんど実施されていない。ゲスト人数が限られていることと，親族や親友などとりわけ縁の深いゲストを招待しているため，ゲスト間の交流がされやすく，セレモニー時にはすでに親交が深まっていることが多いこと，そしてなにより「披露宴」という形式を重視するスタイルよりもアットホームな雰囲気を優先させて海外を選んだカップルが多い，などが理由として挙げられる。

　披露宴の代わりに，セレモニー後に現地でパーティーもしくは会食を行うカップルは少なくない。実に83％の人が「行った」と答えている[1]。ゲスト数およそ10人，パーティー・会食の平均費用はおよそ20万円と規模は大きくなく，ランチまたはディナーを兼ねての食事メインのスタイルを選択するカップルが多いと想像できる。高砂席や金屏風などといった，厳かな披露宴型ではなく，挙式会場に隣接する会場や現地のホテル，レス

トランなどで，海外まで来てくれた感謝とセレモニーの余韻をゲストとともに共有する，カジュアルで温かいパーティー・会食を行っているようである。

また，海外でウエディングを挙げたカップルのうち，およそ45％は国内で披露パーティーや二次会など，なんらかのパーティを実施しているというデータもある（『ゼクシィ海外ウエディング調査2013』より）。海外に多くのゲストを招待できなかった分，帰国後にお披露目をすることによって感謝の気持ちを伝えるとともに，海外でのウエディングの報告を行っているようである。パーティーの場所として「レストラン」を選ぶカップルが最も多くおよそ39％，次いで「ホテル」が15％，「一般の結婚式場」が13％と続き，国内での結婚式で選ばれる会場スタイルとは異なる結果となっている（第5章を参照）。すでに海外で挙式を行っているため，形式よりもカジュアルでアットホームな雰囲気でのお披露目を希望しているカップルが多いように思われる。

2．海外ウエディングを取り巻く環境

次に，海外ウエディングを取り巻くビジネス観点での背景や歴史に触れておく。

（1）海外ウエディング産業のプレイヤー

日本国内のブライダル産業は，ホテルや教会，神社仏閣，結婚式専門会場などの「挙式・披露宴会場」，婚約指輪や結婚指輪などを扱う「ジュエリーショップ」，ドレスやタキシードなど衣裳類を扱う「ドレスショップ」，引出物や送賓時のプチギフトなどを扱う「ギフトショップ」，他にも写真やビデオ関係を扱うところや招待状などのペーパーアイテム類のショップなど，結婚式に必要なアイテムごとに産業が成り立っている。新郎新婦は，

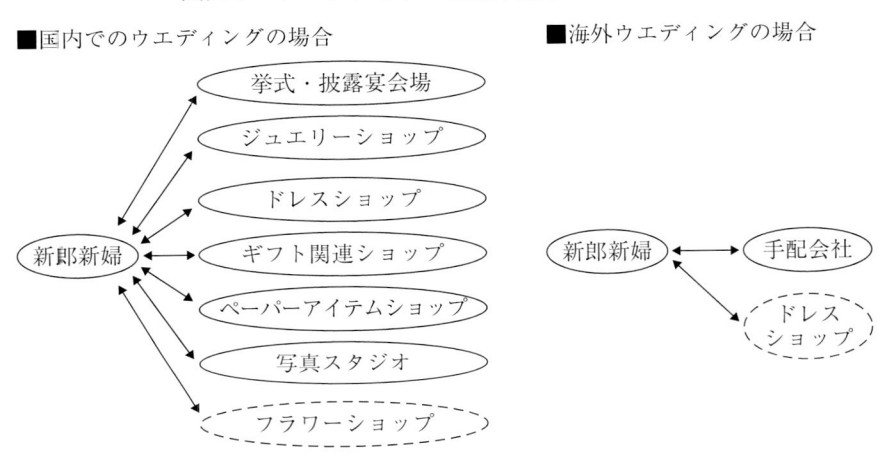

図表6−7　プレイヤーと新郎新婦とのやり取り

■国内でのウエディングの場合

新郎新婦 ↔ 挙式・披露宴会場
　　　　　 ジュエリーショップ
　　　　　 ドレスショップ
　　　　　 ギフト関連ショップ
　　　　　 ペーパーアイテムショップ
　　　　　 写真スタジオ
　　　　　 フラワーショップ

■海外ウエディングの場合

新郎新婦 ↔ 手配会社
　　　　　　　ドレスショップ

出所：著者作成。

それぞれのショップまたは挙式・披露宴会場が提携している主体から自分たちが希望するものを選択・決定し，それぞれのプランナーと結婚式の準備を進めていくことが多い。

　一方，海外ウエディングは，大きく分けて，現地での挙式・パーティーの手配を行う「ウエディング手配会社」と航空券やホテル宿泊など，ウエディング以外の旅に関わる手配を行う「旅行会社」の2つの業態で構成されている。ウエディング手配会社と旅行会社は，それぞれ業務提携を行っていることが多く，新郎新婦がどちらで申し込んだとしても，その申込先で海外ウエディングに関するほとんどすべての手配ができる。また，現地の挙式，パーティー会場やホテル，航空会社などの手配ややり取りはすべて手配会社が行うため，新郎新婦は基本的に手配会社のプランナーとのみ準備を進めていくことになる。

　このように，産業を構成するプレイヤーの種類が国内と海外では異なるため，結婚式準備の進め方も異なる。国内のウエディングでは，新郎新婦

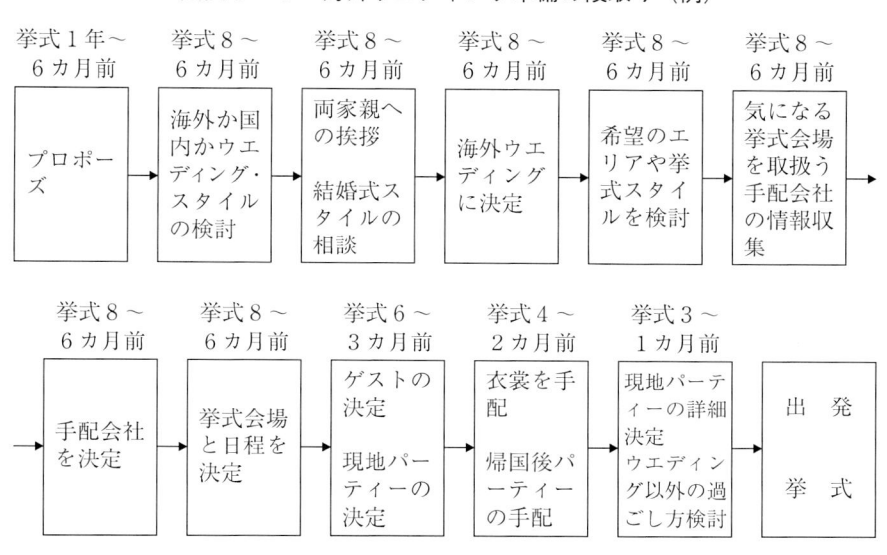

図表6-8 海外ウエディング準備の段取り（例）

挙式1年〜6カ月前	挙式8〜6カ月前	挙式8〜6カ月前	挙式8〜6カ月前	挙式8〜6カ月前	挙式8〜6カ月前	挙式8〜6カ月前
プロポーズ	海外か国内かウエディング・スタイルの検討	両家親への挨拶　結婚式スタイルの相談	海外ウエディングに決定	希望のエリアや挙式スタイルを検討	気になる挙式会場を取扱う手配会社の情報収集	→

挙式8〜6カ月前	挙式8〜6カ月前	挙式6〜3カ月前	挙式4〜2カ月前	挙式3〜1カ月前	
手配会社を決定	挙式会場と日程を決定	ゲストの決定　現地パーティーの決定	衣裳を手配　帰国後パーティーの手配	現地パーティーの詳細決定　ウエディング以外の過ごし方検討	出発　挙式

出所：著者作成。

自らが複数のショップとやり取りしながら進めていくのに対し，海外ウエディングは手配会社だけ（衣裳を手配会社以外で選択する場合は，他にドレスショップが加わる）との進行となる。会社や会場によって異なるが，国内の場合は，挙式およそ3ヵ月前から挙式まで月3〜4回ほど会場に赴きプランナーと打合せを行うことが多いが，海外の場合，申込みを含めてトータル3〜4回ほど手配会社で打合せを行うのみである（メールでのやり取りを除く）。このように，国内に比べて海外ウエディングは，新郎新婦がやり取りする窓口も少なく，披露宴に関する打合せもないことから，結婚式準備の手間が大幅に少ないといったメリットがある。

（2）海外ウエディングの構造

　海外ウエディングのビジネスモデルは，一般的な旅行業と類似するとこ

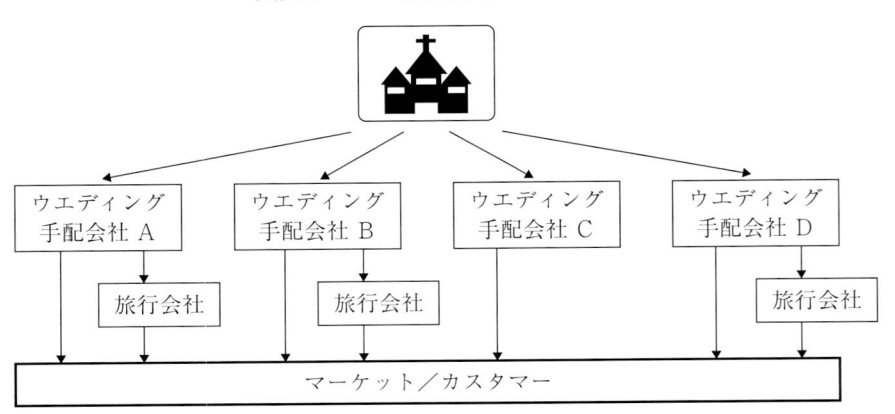

図表6-9　挙式会場の取扱い構造

```
                    ⛪
        ┌───────┬────┴────┬───────┐
    ウエディング  ウエディング  ウエディング  ウエディング
    手配会社A   手配会社B   手配会社C   手配会社D
        │         │                    │
     旅行会社    旅行会社              旅行会社
        │         │         │          │
    ────────────────────────────────────────
              マーケット／カスタマー
```

出所：著者作成。

ろが多い。旅行業では，ある宿泊施設を複数の旅行会社が扱えるのと同じく，海外ウエディングにおいても複数の手配会社が同一の挙式会場を扱う場合が多い。その挙式会場を取り扱うかどうかは各社の戦略によるが，例えば1つの挙式会場を10社の手配会社ともに手配可能という状況はよくある話である。そこで，特にウエディング手配会社は自社でチャペルなどの挙式会場を所有もしくは契約することで，他社とは異なる商品を展開するところもある。自社物件については，建設から運営までを自社で行う場合も多く，その分，自社ならではのアレンジもでき，競争上の優位性を保つウエディング商品造成が可能となる。

　また，旅行業でいうところのランドオペレーター同様，ウエディング手配会社は国内の窓口となるサロンと現地の挙式会場以外に，現地サロンを持つ場合が多い。現地の挙式運営の拠点であり，カップル到着後の最終確認を兼ねた挙式打合せもサロンにて行う。しかし，日本人カップルの挙式数が多くないエリアなどにおいては，現地のウエディング運営会社と業務提携を行い，自社のスタッフを現地に置かず，実際のウエディングは運営

会社が進行するパターンもあるようである。

　旅行会社は，挙式以外の旅行に関する手配を得意とするため，自社では挙式会場を直接運営することなく，ウエディング手配会社とタッグを組むことで旅とウエディング両方の商品を提供できている。

　このように，窓口の奥では，旅行は旅行会社，ウエディングはウエディング手配会社が相互サポートしながら手配を進めることにより，それぞれが専業により特化し，効率的に事業運営を推進することができているのである。

3．海外ウエディングの今後

　ここまで，海外ウエディングの特徴や費用，ゲスト人数などのさまざまな要件や，マーケット構造などについてふれてきた。
　ここでは，そもそも「なぜ海外を選ぶのか？」をはじめ，消費者のウエディングに対する価値観や海外ウエディングの今後の展望についてふれる。

（1）「海外ウエディング」が選ばれる理由
　海外挙式を実施した理由について，図表6－10を見てみよう。
　海外ウエディングを実施した理由で最もあてはまるものは，「海外挙式に以前から憧れていたから」，「堅苦しい結婚式をしたくなかったから」，「親孝行になるから」と続く。
　芸能人をはじめとする著名人が海外で挙式をする姿や外国映画，ドラマで描かれる青い海，青い空などの自然や歴史的建造物でセレモニーを行うシーンに憧れを抱く女性は少なくない。また，多くの人が抱くであろう，幼少時代のお姫様願望とドレス姿を重ね合わせているかもしれないと想像する。インターネットや雑誌などで海外ウエディングの情報が容易に取得

図表6-10 海外挙式を実施した理由として最もあてはまるもの
(全体／単一回答)

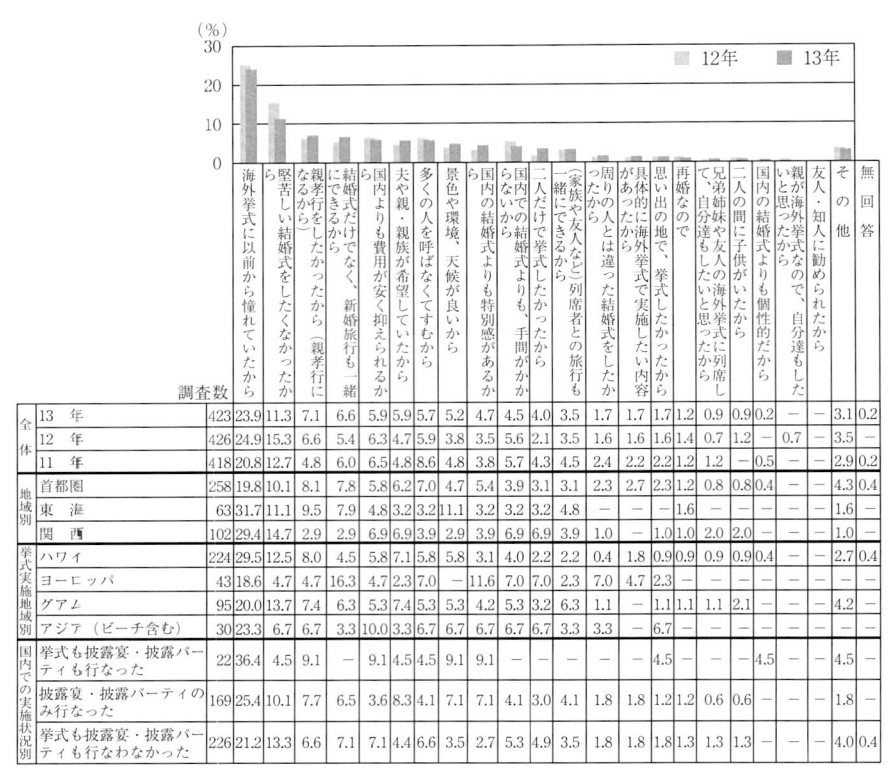

		調査数	海外挙式に以前から憧れていたから	堅苦しい結婚式をしたくなかったから	親孝行になるから〔親孝行にしたかったから〕	結婚式だけでなく、新婚旅行も一緒にできるから	国内よりも費用が安く抑えられるから	夫や親・親族が希望していたから	多くの人を呼ばなくてすむから	景色や環境、天候が良いから	国内の結婚式よりも特別感があるから	国内でらないから	二人だけで挙式したかったから	〔家族や友人など〕列席者との旅行もしたかった	周りの人とは違った結婚式をしたかった	具体的に海外挙式で実施したい内容があったから	思い出の地で、挙式したかったから	再婚なので	兄弟姉妹や友人の海外挙式に列席したから	二人の間に子供がいたから	国内の結婚式よりも個性的だと思ったから	親が海外挙式なので、自分達もしたいと思ったから	友人・知人に勧められたから	その他	無回答
全体	13年	423	23.9	11.3	7.1	6.6	5.9	5.9	5.7	5.2	4.7	4.5	4.0	3.5	1.7	1.7	1.7	1.2	0.9	0.9	0.2	−	−	3.1	0.2
	12年	426	24.9	15.3	6.6	5.4	6.3	4.7	5.9	3.8	3.5	5.6	2.1	3.5	1.6	1.6	1.6	1.4	0.7	1.2	−	0.7	−	3.5	−
	11年	418	20.8	12.7	4.8	6.0	6.5	4.8	8.6	4.8	3.8	5.7	4.3	4.5	2.4	2.2	2.2	1.2	1.2	−	0.5	−	−	2.9	0.2
地域別	首都圏	258	19.8	10.1	8.1	7.8	5.8	6.2	7.0	4.7	5.4	3.9	3.1	3.1	2.3	2.7	2.3	1.2	0.8	0.8	0.4	−	−	4.3	0.4
	東海	63	31.7	11.1	9.5	7.9	4.8	3.2	3.2	11.1	3.2	3.2	4.8	−	−	−	1.6	−	−	−	−	−	−	1.6	−
	関西	102	29.4	14.7	2.9	2.9	6.9	6.9	3.9	2.9	3.9	6.9	6.9	3.9	−	−	1.0	1.0	2.0	2.0	−	−	−	1.0	−
挙式実施地域別	ハワイ	224	29.5	12.5	8.0	4.5	5.8	7.1	5.8	5.8	3.1	4.0	2.2	2.2	0.4	1.8	0.9	0.9	0.9	0.9	0.4	−	−	2.7	0.4
	ヨーロッパ	43	18.6	4.7	4.7	16.3	4.7	2.3	7.0	−	11.6	7.0	7.0	2.3	7.0	4.7	2.3	−	−	−	−	−	−	−	−
	グアム	95	20.0	13.7	7.4	6.3	5.3	7.4	5.3	5.3	4.2	5.3	3.2	6.3	1.1	−	−	1.1	1.1	1.1	2.1	−	−	4.2	−
	アジア（ビーチ含む）	30	23.3	6.7	6.7	3.3	10.0	3.3	6.7	6.7	6.7	6.7	6.7	3.3	−	−	6.7	−	−	−	−	−	−	−	−
国内での実施状況別	挙式も披露宴・披露パーティも行なった	22	36.4	4.5	9.1	−	9.1	4.5	4.5	9.1	9.1	−	−	−	−	−	4.5	−	−	4.5	−	−	−	4.5	−
	披露宴・披露パーティのみ行なった	169	25.4	10.1	7.7	6.5	3.6	8.3	4.1	7.1	4.1	3.0	4.1	1.8	1.8	1.2	0.6	0.6	−	−	−	−	−	1.8	−
	挙式も披露宴・披露パーティも行なわなかった	226	21.2	13.3	6.6	7.1	7.1	4.4	6.6	3.5	2.7	5.3	4.9	3.5	1.8	1.8	1.3	1.3	1.3	−	−	−	−	4.0	0.4

出所：『ゼクシィ海外ウエディング調査2013』より。

できる現代において、単なる憧れから自分たちにも手が届くものとして、普通に選択肢に挙がるようになったものと思われる。

　また、国内での結婚式・披露宴パーティーに幾度か列席するうちに、海外ウエディングに決めた、という声もよく聞く。フォーマルでお披露目要素が強く、比較的似た進行で執り行われる結婚式よりも、ゲスト数は限られてもゲストとふたりが近い、アットホームな雰囲気を求める人もいるだ

ろう。

　海外ウエディングは「旅行」の要素が強いため，親を海外に連れて行ってあげたい，と選択する人も多い。一方，「これまでお世話になったのに，親を末席に座らせるのは嫌」という声もある。確かに，海外では新郎新婦をはじめ親も同じテーブルについてのパーティーを行う人も少なくない。親子関係が親密であるとともに，結婚がふたりのものから親を含めた家族のものであるというとらえ方をするカップルが増えているのかもしれない。また最近では，親世代に海外渡航経験があり，親から海外ウエディングを勧められたケースもよく耳にする。

　他にも，費用面でのお得さやハネムーンを兼ねられる，といった効率性も選ばれる理由の上位に位置している。憧れだけではなく，さまざまな要件を比較検討し，堅実に結婚式のスタイルを選択するカップルの様子がうかがえる。

（2）海外ウエディングのゆくえ

　およそ10組に1組が選択している海外ウエディングだが，今後はどのように展開されていくだろう。

　国内のブライダル関連市場は，流行のウエディング・スタイル以外にも景気の良し悪しなどの外的要因が少なからず影響する。例えば，バブル全盛期のころのハデ婚，バブル崩壊後のジミ婚はその典型といえる。海外ウエディングについては，円高によって選択のハードルが低くなることもあるが，海外旅行と同じくSARSや鳥インフルエンザ，渡航先の災害・事件によって増減の影響も受けると考えられる。しかし，国内ほど景気の影響が大きくはない。それよりも，前述の通り「ふたりの結婚式で何を重視するか」という結婚式に対する価値観が影響を及ぼしていると考えられる。

　近年は，特に若者にとっての就労環境の変化も激しく，25～34歳男性の非正規雇用労働者はおよそ40％にもなる。お披露目を重視する従来型

の結婚式では，親族・友人以外に職場の上司や同僚を招くことが一般的に多いとなると，職場関係者にどこまで声をかけるべきか悩ましく思うカップルも以前と比べて増えていると想像する。そのような環境下では，ゲスト選びに悩み，お披露目よりも厳選したゲストにのみ立ち会ってもらうことを重視して海外ウエディングを選択するカップルが一層増えるのではないだろうか。

　他にも，親世代の価値観もある程度の影響力があるだろう。例えば，昭和20年代生まれの親世代は

- ■子どものころから，テレビや雑誌を通して欧米の家族の有り様を見てきたこともあり，従来の家と家との結びつきより本人同士の愛情による結びつきを重視し，生活を共に楽しむ「ニューファミリー」が理想とされた
- ■自分が親や社会に反抗的だったせいか，子どもの個性を尊重しようとする傾向にある
- ■1人の独立した個人として子どもと対等な関係を築き，その結果まるで友達同士のような親子関係がみられる。若い世代全般に対して高い評価を与える傾向にあり，自らが権威的に振舞うより世代を超えて友人のように接しようとする

といわれ，父親を中心とした家長制度から，親と子の権威的地位の境界線があいまいな，仲の良い親子関係を築く世代といわれている。

　また，徐々に新郎新婦の親となってきている昭和30年代生まれの世代は，

- ■日本の高度成長のまっただ中に育ち，身につけているモノのブランドによって個性を表現し，雑誌などのメディア情報を元に高級レストランや海外旅行等を次々と経験するなど，消費に向かう意欲が強い

■結婚し子どもができてもグルメやファッション，レジャーの関心は強く，物質的な豊かさへの思考が強い
■自分らしい生き方を模索しつつ，常にワンランク上を目指すことが彼らにとってのテーマとなる

といわれ，親になっても自分の気持ちや欲求に素直な世代といわれている。

　このような世代を親に持つカップルにおいて，形式を最重要視する結婚式のスタイルを選択するのは考えにくい。それよりも，親もふたり同様に主役のような位置づけで，ふたりから親へ感謝の気持ちを伝えることを重視したり，親もゲストのケアに徹するのではなく，式を存分に楽しんでもらえることを重視したり，という価値観が増えてくることに違和感はない。そのような前提で，海外旅行経験のある親自ら，海外での挙式を勧める声が以前より多くなっているのは当然と考えられよう。

　このように，若者を取り巻く環境や価値観が変化し，さらに結婚式に求める価値によって，海外ウエディングは今後もう一段拡大するマーケットであると思われる。現在のように，インターネットで簡単に先輩花嫁のウエディング体験を閲覧し，比較検討しやすい世の中であれば，おそらく一度は抱くであろう「海外＝不安」などの不安を払拭できるだろう。

　国内の結婚式は，当日は挙式と披露宴あわせても５時間程度でしかなく，長い準備期間の割にはあっという間にその瞬間は過ぎ去ってしまう。一方，海外ウエディングの場合は，出発から帰国までが「ウエディング旅行」であり，短くても３日間，平均およそ８日間は結婚式気分が続く。しかも，このウエディング旅行は両家にとって初めての家族旅行となる。ふたりの縁がきっかけに誕生した新しい家族にとって，共に行動する時間が長いことで相手の素を見ることも多く，きっと緊張もほぐれ，これまで以上に親近感が生まれるだろう。両家一緒の旅の思い出ができることで，共通の話

題が増えるだろう。ふたりにとっても家族にとっても，そこはスタート地点であり，日本以外にもできた「いつか戻りたい場所」として，特別なエリアにもなる。

　ふたりの誓いの舞台を世界中から見つける。駆けつけてくれた家族や大事なゲストに祝福され，時間を共有する。シンプルだが，その体験こそが，海外ウエディングの醍醐味なのだ。

（森下恵子）

【注】
１）『ゼクシィ海外ウエディング調査2013』より。

第7章

ブライダルにおける諸業務

1．ブライダルという商品特性

　ブライダル・ビジネスの特徴は，半年から1年という長い時間をかけて，多くの専門業種・職種がサービスというソフトを出し合い，顧客の「夢」を「商品」に変える作業のプロセスであるという点にある。その商品は顧客とともに作り上げるという"One to one"なビジネスであり，まったく同じサンプルを見せることは不可能で，顧客のリクエストによって特注される「製品」を作るビジネスに似ている。ただし，形として残らない商品であるということが特徴である。

　これまでに多く提唱されてきたビジネスに関する理論体系においては，「製品」を売るための補足手段がサービスであると思われてきた面も否めない。ブライダルもたくさんの業種が「部品」を持ち寄って生産するが，「工業製品」との違いは，サービスこそが主であるという点にある。

　多数の部品から1つの商品を作り上げていくことは，工業製品と変わらないかもしれないが，その部品がプロセスそのものであるという点においては大きく異なっている。

　ゼネコンも，建物に関わるさまざまな要素を集めることで1つの建物を作り上げていくために「ゼネラル・コントラクター」と呼ばれるわけであるが，施主が「買う」のはあくまで建設というプロセスを経て「完成した建物」である。しかしながら，ブライダルにおいて購買されるのは，その

プロセスそのものであり，ちょっとしたミスも，あとでフォローすることがまったく不可能であるという点で，工業製品などとは異なる特性を持つことになる。

そこで，本章ではブライダルというビジネスに関わる諸業務について概観する。

2．ブライダル企業の組織構成

ブライダル・ビジネスにおける諸業務を理解するために，ブライダルの中核をなす結婚式場業の事業概要について把握しておきたい。

結婚式場業における業務を概観すると図表7－1のような構成となる。婚礼の企画やPRツールの制作等を行う「企画・営業」，実際に顧客獲得

図表7－1　ブライダル・サービス業務構成

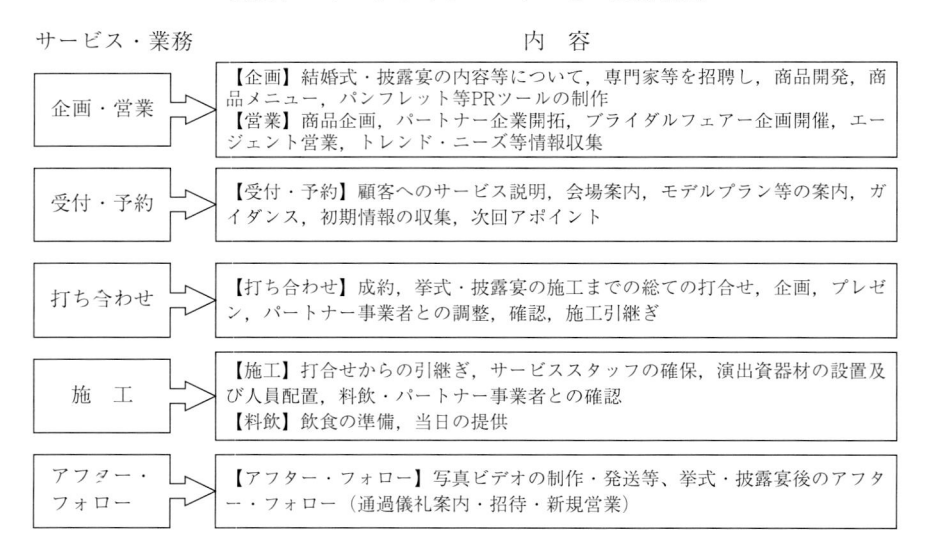

サービス・業務	内　容
企画・営業	【企画】結婚式・披露宴の内容等について，専門家等を招聘し，商品開発，商品メニュー，パンフレット等PRツールの制作 【営業】商品企画，パートナー企業開拓，ブライダルフェアー企画開催，エージェント営業，トレンド・ニーズ等情報収集
受付・予約	【受付・予約】顧客へのサービス説明，会場案内，モデルプラン等の案内，ガイダンス，初期情報の収集，次回アポイント
打ち合わせ	【打ち合わせ】成約，挙式・披露宴の施工までの総ての打合せ，企画，プレゼン，パートナー事業者との調整，確認，施工引継ぎ
施　工	【施工】打合せからの引継ぎ，サービススタッフの確保，演出器材の設置及び人員配置，料飲・パートナー事業者との確認 【料飲】飲食の準備，当日の提供
アフター・フォロー	【アフター・フォロー】写真ビデオの制作・発送等，挙式・披露宴後のアフター・フォロー（通過儀礼案内・招待・新規営業）

出所：著者作成（以下，特記以外もととなる図表は，野田［2010］より）。

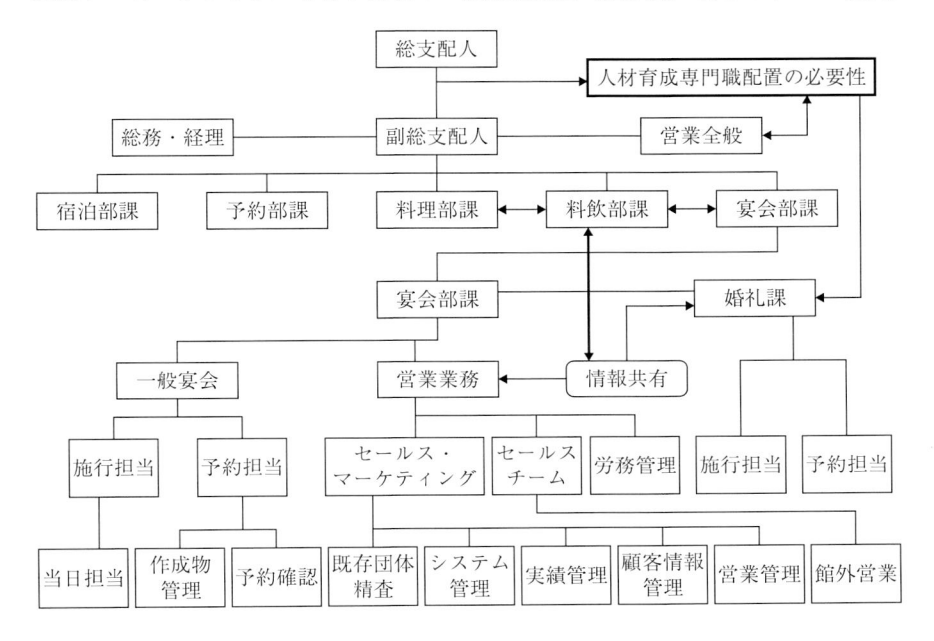

図表7−2　ブライダルを行う会場の一般的組織図（宿泊部・課はホテルの場合）

```
                        総支配人
                           │
                           ├──────────────→ 人材育成専門職配置の必要性
                           │
        総務・経理 ──── 副総支配人 ──── 営業全般 ←──
                           │
   ┌──────┬──────┬──────┼──────┬──────┐
 宿泊部課  予約部課  料理部課 ── 料飲部課 ── 宴会部課
                                    ↕
                              宴会部課 ───── 婚礼課
                                 │              │
                    ┌────────┼────┐    情報共有
                  一般宴会  営業業務 ←──┘
                    │         │              │
              ┌───┼───┐ ┌──┼──┬────┐  ┌──┼──┐
           施行担当 予約担当 セールス・ セールス 労務管理 施行担当 予約担当
                          マーケティング チーム
              │    │      │      │      │       │      │
           当日担当 作成物 予約確認 既存団体 システム 実績管理 顧客情報 営業管理 館外営業
                   管理          精査    管理              管理
```

のための営業を行う「受付・予約」，挙式・披露宴の内容について顧客と詳細を決める「打ち合わせ」，そして当日の挙式・披露宴運営を行う「施工」，挙式・披露宴後の「アフター・フォロー」である。

　こうした業務を遂行するために，ブライダル組織は一般的には図表7−2のようになっている。専門式場とホテルとではやや異なるが，一般には宿泊部課（宿泊部門）を除いた組織系統は類似している。ホテルの料飲部課（料飲部門）は，あまり宴会部課（宴会部門）との連携を取ることは多くないが，専門式場では料飲部課も宴会部課と緊密な連携が求められることになる。

　婚礼課と宴会部課および料飲部課は常に情報を共有して，営業現場からの報告によって宴席ごとのメニュー・レシピを作成し，当日に提供する。

また，大きな組織における婚礼課は，予約担当と施工担当とに分かれる場合が多い。あるいは，初期接客を行う予約担当とプランニングを行う担当が分かれている場合もある。ゲストハウス・ウエディング会場では，初期接客からプランニング，そして施工の担当者が同一人物のところも多く，そのような会場では，顧客からみれば同一の担当者がずっと付き添うことになり，安心感の醸成につながって顧客から支持されるようになってきている。

　しかし，婚礼のお客様は，見学，打ち合わせ，挙式披露宴のいずれも土日祭日に来訪することが多く，他のお客様と重なることも多いため，大型の会場では一体化が困難な場合が多い。こうした大型の会場では，専門分化が進んでいるために，それぞれの役割が細かく分かれざるをえないからである。

　また，営業力を向上させるための総合的な教育を行う社内人材育成に関しては，総務部局や人事部局が担当している場合が多い。あるいは，婚礼担当の管理職や先輩社員がともに接客を行うことで体得していく旧来の形態も多く，専門職を配置したトップ直属の独立した機関を設置している会場は少ない。

　一般的には，毎日のミーティングの中で企業の情報を確認し合うことで経験を積み，徐々に専門化をしていく手法が取り入れられている。

3．ブライダル営業の区分

　ブライダル営業は図表7－3のように区分されるが，企画営業に関しては独立の場合がある。大別すると，企画・営業 → 予約受付 → 初期接客 → 打ち合わせ → 挙式・披露宴の運営・管理 → 飲食の提供 → フォローと流れていく。

　会場によっては，予約受付・初期接客・打ち合わせのスタッフあるいは

図表7-3　ブライダル営業の区分

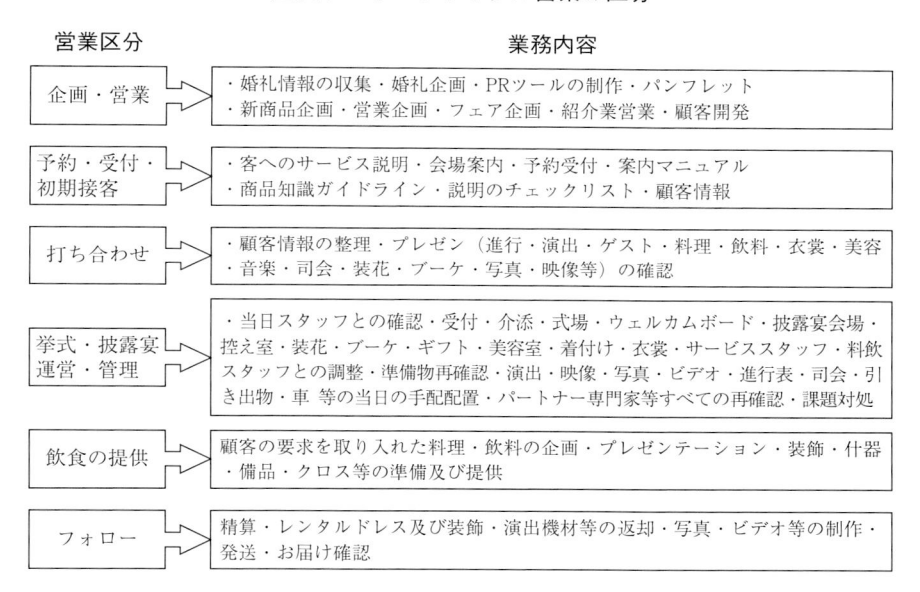

営業区分	業務内容
企画・営業	・婚礼情報の収集・婚礼企画・PRツールの制作・パンフレット ・新商品企画・営業企画・フェア企画・紹介業営業・顧客開発
予約・受付・初期接客	・客へのサービス説明・会場案内・予約受付・案内マニュアル ・商品知識ガイドライン・説明のチェックリスト・顧客情報
打ち合わせ	・顧客情報の整理・プレゼン（進行・演出・ゲスト・料理・飲料・衣裳・美容・音楽・司会・装花・ブーケ・写真・映像等）の確認
挙式・披露宴運営・管理	・当日スタッフとの確認・受付・介添・式場・ウェルカムボード・披露宴会場・控え室・装花・ブーケ・ギフト・美容室・着付け・衣裳・サービススタッフ・料飲スタッフとの調整・準備物再確認・演出・映像・写真・ビデオ・進行表・司会・引き出物・車 等の当日の手配配置・パートナー専門家等すべての再確認・課題対処
飲食の提供	顧客の要求を取り入れた料理・飲料の企画・プレゼンテーション・装飾・什器・備品・クロス等の準備及び提供
フォロー	精算・レンタルドレス及び装飾・演出機材等の返却・写真・ビデオ等の制作・発送・お届け確認

挙式当日のアテンドまで，同一人物の場合と担当を分けている場合とがある。前述した通り，比較的小規模で，宴会場数が3室以下と少ないゲストハウス・ウエディング会場や大型レストラン等では，1組のお客様に対して初期接客から当日の施工まで同じ人が担当をするところもある。

4．プランナーの存在

　現在のブライダル営業においては，会場などのようなハードや提供するサービスといったソフトの魅力を，最大限にお客様の期待とマッチングさせ，結果としてビジネスに結びつける接客営業最前線の従業員の役割が重要となっている。このスタッフたちは，企業によって呼び方は異なるが，ブライダル・プランナーなどと呼ばれ，この従業員たちの能力によって，

婚礼客の獲得件数および売上は左右されることになる。

　人生最大の儀礼として挙式・披露宴に望むお客様の心境は，緊張感と不安感でいっぱいである。一人前に成長し，経済的にも自立できる立場になり，これから独立した家庭を持ってともに新たな人生を切り開いていく希望と喜びの裏には不安と責任が共存する。

　その挙式・披露宴に関するあらゆる世話をするブライダル・プランナーは，図表7－4のような業務を行う。

　公益社団法人日本ブライダル文化振興協会（BIA）には，ホテルや結婚式場あるいはレストランなどで挙式・披露宴を計画しているカップルから，毎日のようにクレームの相談がある。現場にいるわけではないので客の一方的な主張を聞くことになるが，「サービスが悪い」という一言の幅の広さ，意味の深さに当惑することが多い。お客様のこの言葉に含まれる意味は，まさに「サービス」が独自で学問になってしかるべき深淵なる意味があると改めて感じる。

　ブライダル営業現場，すなわちブライダル・コーディネーターの仕事を一覧すると，初期接客から成約までは図表7－4のようになるが，成約後に挙式・披露宴が近づくにつれて図表7－5のようになる。プレゼンテーション，演出，衣裳，案内状，ギフト，席次表，司会，進行表，最終金額など，より具体的な打ち合わせを行う。

　BIAの調査によると，ブライダルのお客様は，会場を訪れるまでにインターネットや結婚情報誌によって情報を集め，訪問する式場を3～5軒程度に絞っている。そのような前提であるから，駐車場，エントランス，玄関受付，初期接客の会場など，誰がどのように案内したかについて，あるいは打ち合わせ室に到達するまでの外観，接客態度，会場の雰囲気なども敏感に感じながら打ち合わせ室に入ることになる。それまでに緊張感はピークに達しており，その会場がどれだけ自分たちに親切にしているかなども肌で感じている。

第7章　ブライダルにおける諸業務　◎── 93

図表7－4　初期接客営業・婚礼客の来館から契約までの流れ

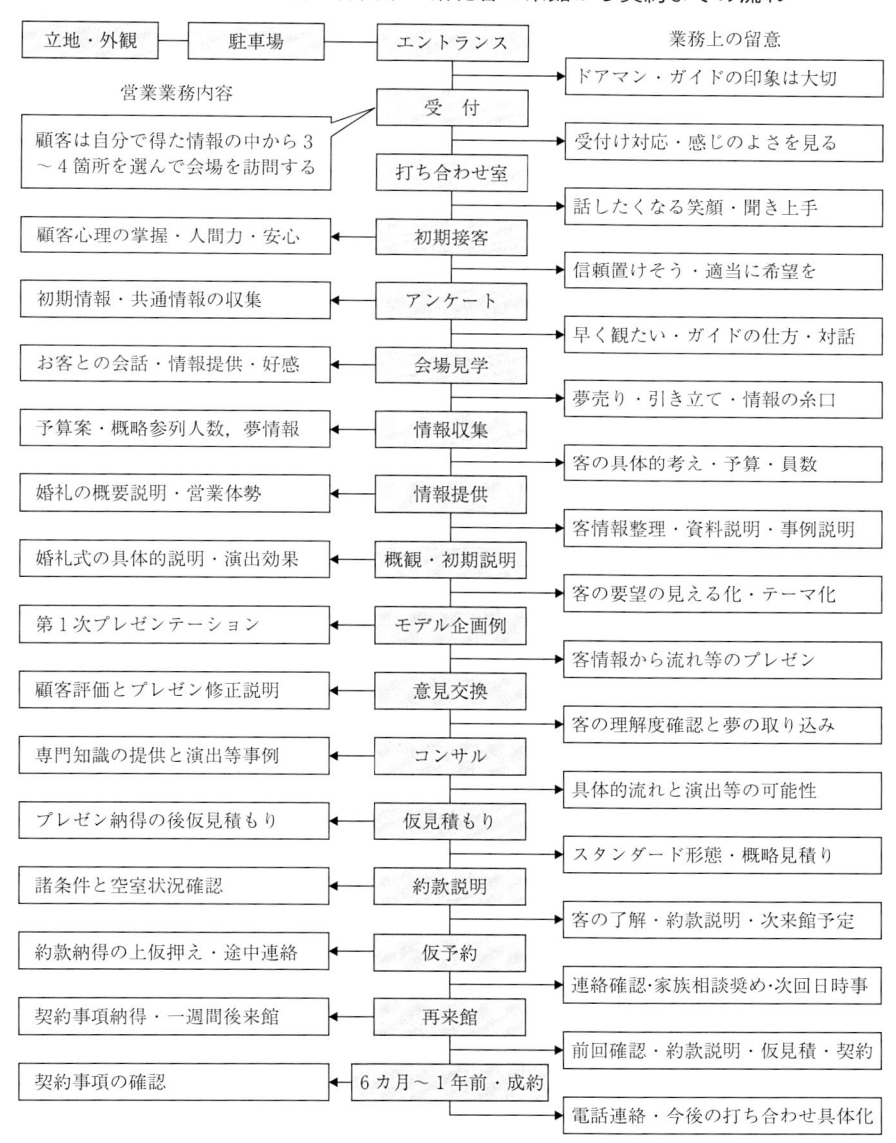

営業業務内容	フロー	業務上の留意
	立地・外観 → 駐車場 → エントランス	
	↓	ドアマン・ガイドの印象は大切
	受　付	
顧客は自分で得た情報の中から3〜4箇所を選んで会場を訪問する	↓	受付け対応・感じのよさを見る
	打ち合わせ室	
	↓	話したくなる笑顔・聞き上手
顧客心理の掌握・人間力・安心	← 初期接客	
	↓	信頼置けそう・適当に希望を
初期情報・共通情報の収集	← アンケート	
	↓	早く観たい・ガイドの仕方・対話
お客との会話・情報提供・好感	← 会場見学	
	↓	夢売り・引き立て・情報の糸口
予算案・概略参列人数，夢情報	← 情報収集	
	↓	客の具体的考え・予算・員数
婚礼の概要説明・営業体勢	← 情報提供	
	↓	客情報整理・資料説明・事例説明
婚礼式の具体的説明・演出効果	← 概観・初期説明	
	↓	客の要望の見える化・テーマ化
第1次プレゼンテーション	← モデル企画例	
	↓	客情報から流れ等のプレゼン
顧客評価とプレゼン修正説明	← 意見交換	
	↓	客の理解度確認と夢の取り込み
専門知識の提供と演出等事例	← コンサル	
	↓	具体的流れと演出等の可能性
プレゼン納得の後仮見積もり	← 仮見積もり	
	↓	スタンダード形態・概略見積り
諸条件と空室状況確認	← 約款説明	
	↓	客の了解・約款説明・次来館予定
約款納得の上仮押え・途中連絡	← 仮予約	
	↓	連絡確認・家族相談奨め・次回日時事
契約事項納得・一週間後来館	← 再来館	
	↓	前回確認・約款説明・仮見積・契約
契約事項の確認	← 6ヵ月〜1年前・成約	
		電話連絡・今後の打ち合わせ具体化

図表7－5　成約後の打ち合わせ営業・当日までの手配・確認等の流れ

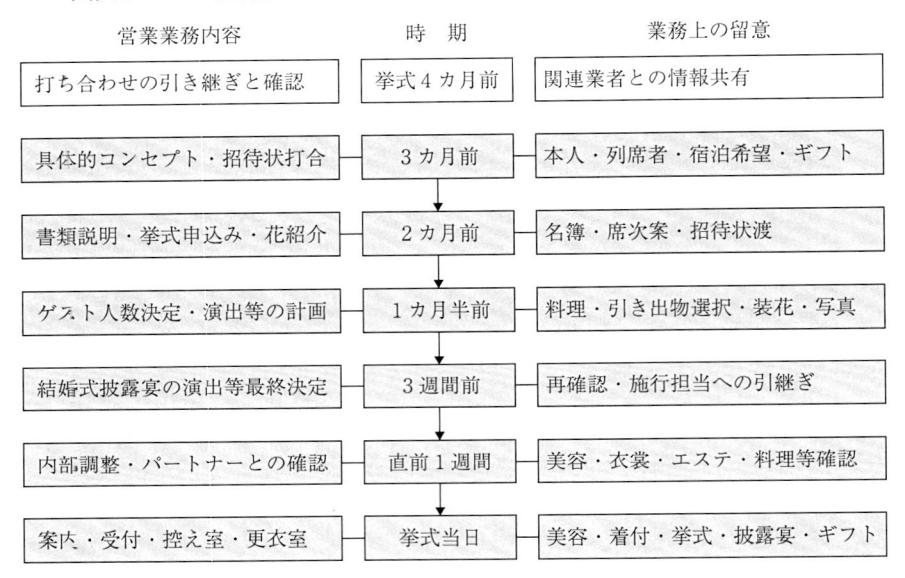

営業業務内容	時　期	業務上の留意
打ち合わせの引き継ぎと確認	挙式4カ月前	関連業者との情報共有
具体的コンセプト・招待状打合	3カ月前	本人・列席者・宿泊希望・ギフト
書類説明・挙式申込み・花紹介	2カ月前	名簿・席次案・招待状渡
ゲスト人数決定・演出等の計画	1カ月半前	料理・引き出物選択・装花・写真
結婚式披露宴の演出等最終決定	3週間前	再確認・施行担当への引継ぎ
内部調整・パートナーとの確認	直前1週間	美容・衣裳・エステ・料理等確認
案内・受付・控え室・更衣室	挙式当日	美容・着付・挙式・披露宴・ギフト

　初期接客に出る従業員は，それだけの緊張を和らげるため，最高の笑顔と親切心を醸し出せるよう，気を配っていなければならない。お客様が訪問してくれただけでもすでに選ばれた会場であることを認識して，お客様の考えを引き出す努力をすべきなのである。押しつけてもいけないし，聞き過ぎてもいけない。相手次第により，話の進め方を変え，会場案内まで持ち込めるよう努める。案内中に体を動かすことで，お客様の緊張がほぐれ，そうすることで少しずつお客様の夢を引き出し，会場決定の意思を固めるように努め，次回成約のための来館を約束するために最善を尽くすことになる。

　まさに「気働き営業」の頂点にあるようなものである。そのために必要な要素とは，どのようなものであるだろうか。

5．プランナーに必要とされる要素

　乗用車を購入するときは利用目的がはっきりとしており，予算・型・排気量・サイズ・性能など，比較対象ができるヴィジュアルなサンプルや資料がある。さらに，試乗してチェックすることさえ可能である。
　しかし，婚礼商品はこれまでにないタイプのまったく新しいオーダーメードの車をゼロから造り上げるのと同じく，1つひとつの部品に至るまで営業に注文を与え，営業はパートナーである演出等の専門家とパーツを造り，組み合わせをして企画書を作成し，プレゼンテーションをして，お客様の納得のもとに次のステップに進むことの繰り返しを行う。
　お客様の要望が見えない時から，漠然とした夢を少しずつ「見える化」し，満足していただくために，カップルから，育ち・地域・学校・スポーツ・趣味・現在の仕事・海外経験・印象に残っていること・好きな色・二人の出会い・両親兄弟のこと・好きな音楽・将来の夢など，できるだけ多くの個人情報を聞き出し，限られた条件を把握してテーマを想定し，知恵と知識と経験を活かしながら式場の環境を最大限に活かして1年から半年，あるいはそれ以上の時間をかけて形作り，挙式・披露宴の当日の施工まで責任を持ってサービスする，まさに経験と知性による価値創造である。
　サービス業としての営業は，実にロマンにあふれ，担当者は自分の新たな夢と重複させて献身的に創り上げていく。その間には，予期していなかった問題も解決していかねばならない。
　プランナーは，お客様との長い付き合いの中で，お客様の懐に飛び込み，信頼感，安心感を与え満足を得てもらうために親身になって活動する精神的な仕事であるが故に，図表7－6に示すような人間性が求められる。
　営業現場の従業員は，顧客にプロフェッショナルと思われ，信用ビジネ

図表7-6　ブライダル営業現場に求められる人間性

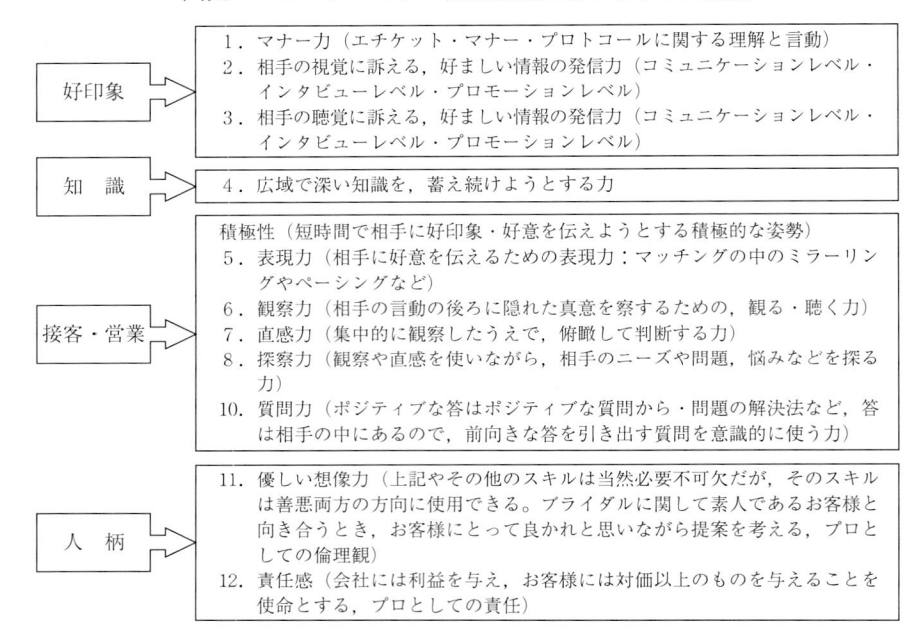

分類	項目
好印象	1. マナー力（エチケット・マナー・プロトコールに関する理解と言動） 2. 相手の視覚に訴える，好ましい情報の発信力（コミュニケーションレベル・インタビューレベル・プロモーションレベル） 3. 相手の聴覚に訴える，好ましい情報の発信力（コミュニケーションレベル・インタビューレベル・プロモーションレベル）
知　識	4. 広域で深い知識を，蓄え続けようとする力
接客・営業	積極性（短時間で相手に好印象・好意を伝えようとする積極的な姿勢） 5. 表現力（相手に好意を伝えるための表現力：マッチングの中のミラーリングやペーシングなど） 6. 観察力（相手の言動の後ろに隠れた真意を察するための，観る・聴く力） 7. 直感力（集中的に観察したうえで，俯瞰して判断する力） 8. 探察力（観察や直感を使いながら，相手のニーズや問題，悩みなどを探る力） 10. 質問力（ポジティブな答はポジティブな質問から・問題の解決法など，答は相手の中にあるので，前向きな答を引き出す質問を意識的に使う力）
人　柄	11. 優しい想像力（上記やその他のスキルは当然必要不可欠だが，そのスキルは善悪両方の方向に使用できる。ブライダルに関して素人であるお客様と向き合うとき，お客様にとって良かれと思いながら提案を考える，プロとしての倫理観） 12. 責任感（会社には利益を与え，お客様には対価以上のものを与えることを使命とする，プロとしての責任）

スに携わっている。そして営業現場の好印象・人間力・人格・品格・感性・気配り・気働き・サービス・ホスピタリティを備えている。また，自社の方針・環境を理解する能力を有し，企業環境を100％活かした営業に専念している。素晴らしい結婚式・披露宴を提供するために，広い情報収集力・情報整理力・情報保管力・情報活用力を有し，異なった顧客の異なった満足を得るために，ブライダルに関する勉強およびトレンド等に関する興味と向学心と実行力を持ち合わせている。

　挙式・披露宴会場の形態は第5章で述べたが，お客様は会場を選ぶとき，それぞれ異なった期待を持っている。会場によるブライダル営業現場へのお客様のニーズは，おおよそ図表7-7に示したようになっている。営業現場ではこれらのニーズを把握して，装飾や演出，機材やオペレーション

図表7-7 業態別顧客ニーズ・特徴

業　態	顧客のニーズ・特徴
ホ テ ル	・親族を中心としたゲストへの宿泊や控え室の準備等，ゲストへの行き届いた配慮へのニーズが強い。 ・ブランド力と，派手な演出よりも伝統的なスタイルを重んじ，安定感・安心感があるという点も魅力である。
専門式場	・親族を中心としたゲストへの控え室の準備等，ゲストへの行き届いた配慮へのニーズが強い。 ・伝統・文化や格式を重視するスタイルへのニーズがある。
ハウス・ ウエディング	・貸切・完全なクローズド空間へのニーズが強い。挙式・披露宴当日は，新郎新婦とゲストだけの空間にしたいというこだわりがある。 ・広い施設を貸しきり，施設全体を自由に使ってゲストへの演出ができる点も魅力と考えられる。 ・欧風の一軒家という，施設の豪華さへの憧れもある。
レストラン・ ウエディング	・料理へのこだわりが強い。ゲストにじっくりとおいしい料理を楽しんでもらいたいというニーズが強い。派手な演出を好む顧客は多くなく，ゲストへのおもてなしを最重視する場合が多い。 ・ゲスト数は小中規模の場合が多く，ゲスト同士の会話，ゲストと新郎新婦の会話といった，アットホームな会話が出来る雰囲気を求めるニーズも強い。

出所：著者作成。

等の専門家であるパートナー事業者との間で調整を図り，共同作業によって満足いただく商品を創造していくものである。故に幅広い知識と経験が要求される。

　人間力と経営力，人格と品格，知識と教養，表現力とコミュニケーション能力，気力と体力，思考力と決断力，情報量と競争力，創造力と企画力などなどについて，文献等により管理職および経営者の在り方を追求し，企業とブライダル営業現場との間における空洞関係を見つめ，あるべき姿を求めていくことが肝要である。

顧客の不安を解消し，顧客の期待に応えるために，お客様の意見を引き出し，意見を交換するコミュニケーション能力を備えている。お客様の話を聞く能力，聞いたことを分析・整理する能力を備え，それに自分の経験と情報とを結びつけて企画する能力を持ち，パートナー企業の契約，特性や商品・内容を理解し説明できる専門分野の情報共有を行うためのコミュニケーション能力を備え，原価計算と合わせ，利益を生む顧客満足に取り組む能力，説明責任等，法律・約款に関する業務を理解し，お客様にそれをプレゼンテーションして説明する能力，お客様，同僚，パートナー企業等と，微細な確認をする能力をそれぞれ備え，業務責任を全うする能力を備えているが故に顧客の信頼を築き，顧客の招待客に至るまでの気配りができることによって一人前といわれる。それらに対して，良くも悪くもし，モチベーションを上げるのも愛社精神を作るのも，稼ぐのも稼がないのも，経営の人的資源管理にある。特に現場を取り仕切る管理職のリーダーシップに関わることが多い。

6．ブライダル企業における営業の位置づけ

　ブライダル企業の命綱は，営業現場の接客能力である。それを支えているのは営業現場の人材である。
　しかし，営業現場の従業員が「企業を背景とした・企業理念によって・あるいは上司のマネジメント能力によって」モチベートされているかといえば別の話である。営業に携わる従業員はそれぞれ，内発的な動機づけはなされているが，職場に満足しているかということに関しては著者の情報では50％に過ぎない。採用の時点では，その会社に就職し給料をもらうことを目的として仕事の内容も知らずに入社し，経験を積むことによって，自己のモチベーションを高めていくという特殊な職業であるともいえるだろう。

シュナイダーやボーエンのいう「従業員の感情と行動がサービスの品質に影響を与えている。サービス品質の差異を生む要素は，従業員の満足度である」という理論は，ブライダル営業の従業員にはそのままにあてはまる。シュナイダーらの述べている理論の背景とは異なるが，従業員の感情は顧客との関係に左右され，行動は顧客との共同作業であり，よい結果が生じると，それがまたサービスの品質を高める効果につながっている。すなわち，「仕事の内容に満足した従業員が行うサービスの品質は高い」ということである。そのことによって，ブライダル営業現場の従業員は満足度を高め，動機づけを行っているのである。

7．ブライダル集客営業の現状と問題点

現在のブライダル・ビジネスにおいて，ブライダル営業で従業員が果たす役割とは，簡単にいえば以下の通りである。

高い料金を支払って，結婚情報誌やインターネット広告といったメディアを通じて会場の広報を行う。あるいは，老舗といわれる高級なブランド・ネームが顧客の信用とつながって，その結果，お客様を集める。こうしたプロセスを経て訪ねてきたお客様に好印象を与え，いかに接客し，いかに成約に結びつけるか，そして成約につながったお客様に対して，創造性あふれる自社商品を薦めていかに満足度の高い挙式・披露宴を提供するか，ということである。

しかし，「客待ち営業をいつまで続けるのか」あるいは「なぜ攻めに転じないのか」という疑問が残る。一般に，この業界が足を運んで外攻めをしていると勘違いしているのは，せいぜい結婚式場斡旋業に送客依頼の挨拶回りをする程度である。

いずれにしても，成約したお客様は莫大な広告経費を負担させられている。このことには罪悪感すら覚える。はたしてこれでいいのだろうか。顧

客とはなんだろうか。結婚情報誌にも斡旋業にも，あるいはネットメディアに対しても，自分たちが支払う金額のうち，どの程度が流れているかなど気にもかけずに騙されている人のことを顧客というのであろうか。このままではブライダル産業の将来は暗いだろう。

　なぜこのような状態になってしまっているのか。それは，「ディズニー」に代表されるような「自力の広告塔」を持たないからである。他業種では昔から当然のように行われている「自社の客はゼロから自力で開発する外攻めの営業」がまったくなされていないに等しいのである。

　結婚式を行っているあるレストラン経営者が漏らした言葉が象徴的である。彼は，「昨年1年間のブライダル事業の利益を計算したら，100％が結婚情報誌の広告に行っていた。自分は何のために仕事をしているのか」と疑問を呈している。また，「近年，結婚情報誌は紙媒体の広告料の他にネット料と，ネット情報料をトリプルに取るようになった。これではお客様のことを真剣に考え，苦労をして挙式や披露宴を運営している意味がない。他に経営する事業で成り立っているだけだ」と嘆いてもいた。これが中小の結婚式場の実態である。しかし，嘆くだけでは研究にならない。これからは，他産業を見習いつつ，学術の世界との連携も図りつつ，戦略的に事業展開を行っていく必要があるだろう。

※本章は，野田兼義［2010］『ブライダル営業現場従業員の動機づけに係る研究―従業員の規範となる管理職のあり方―』東洋大学大学院国際地域学研究科国際観光学専攻修士論文．の一部を加筆・改変したものである。

（野田兼義）

第8章
ブライダル・プロモーション

1．ブライダルにおけるコミュニケーション戦略の概略

　いくら魅力的なプレブライダルに関係する商品を開発しても，そしていくら素晴らしい挙式や披露宴を成り立たせることができるとしても，その存在や良さを顧客に認知してもらえなければ，存在しないのと変わりはない。つまり，いくらいい製品を作ったとしても，製品に関して効果的なコミュニケーションを顧客と行えなければなんら意味はないわけである。そこで，ブライダルにおいても，さまざまなプロモーション手段を講じて新郎新婦に魅力を訴えかけていく必要が生じることになる。

　なお，ここで新郎新婦と述べたが，かつての結婚についていえば，購買決定権者は必ずしも新郎新婦とは限らなかった。いずれかの親が関与する余地も大きかったのである。しかしながら，結婚が「家と家との結びつき」から変化して，「新しいカップルのため」のものとなってきてからは，ブライダルに関係する購買行動の多くが新郎新婦によって決定されるようになってきている。

　現在では，挙式・披露宴会場の選択に際して「（親の）興味・関心はあまりなかった」割合が55.5％にものぼっており，一方で「（親の）高い興味・関心があった」割合が27.4％ほどいるが，半数以上は特に関与していない現状が垣間見える。内容に関しても，例えば披露宴での料理や飲み物についても「（親の）興味・関心はあまりなかった」が59.3％となって

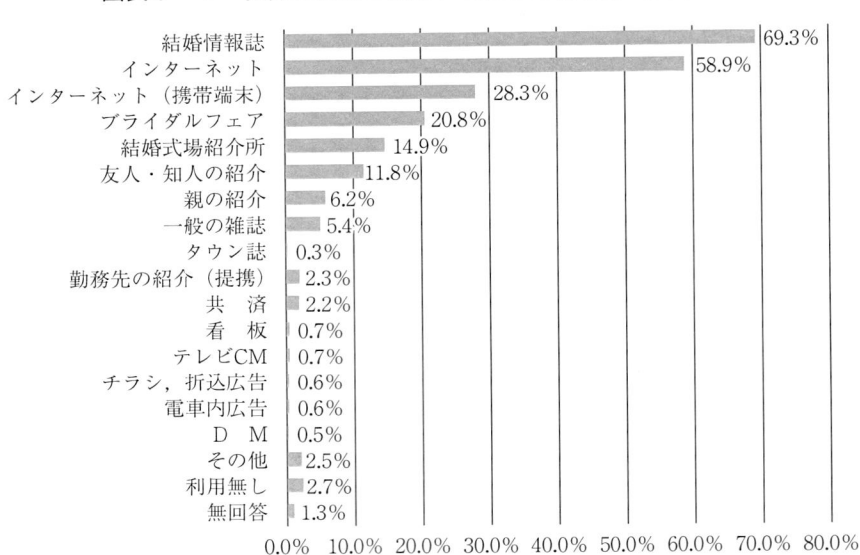

図表 8 − 1　披露宴会場の検討に利用した情報源（複数回答）

情報源	割合
結婚情報誌	69.3%
インターネット	58.9%
インターネット（携帯端末）	28.3%
ブライダルフェア	20.8%
結婚式場紹介所	14.9%
友人・知人の紹介	11.8%
親の紹介	6.2%
一般の雑誌	5.4%
タウン誌	0.3%
勤務先の紹介（提携）	2.3%
共　済	2.2%
看　板	0.7%
テレビCM	0.7%
チラシ，折込広告	0.6%
電車内広告	0.6%
ＤＭ	0.5%
その他	2.5%
利用無し	2.7%
無回答	1.3%

※図表 4 − 2 を再掲。
出所：以下，特記以外は『ゼクシィ結婚トレンド調査　2013』より著者作成。

おり，同じような状況であるといえよう[1]）。

　ただし，新婦の衣装について「（親の）興味・関心はあまりなかった」は43.6％にとどまった一方で，「（親の）高い興味・関心があった」が31.8％おり，衣装については親も無関心ではいられない現状が浮き彫りになっている。

　以下では，ブライダルにおいて最も高い費用がかかる披露宴の選択に関するデータを再掲しよう。

　一般の商品やサービスと同じく，新郎新婦が披露宴会場の検討に用いるのは，結婚情報誌やインターネットといったメディアである。一般と異なるのは，テレビCMが0.7％に過ぎないことであろう。これは，前にも述

べた通り，専門品としての性格を持つブライダルにおいては，提供されるサービスについて顧客は詳細に検討したいからである。つまり，短時間での認知やブランドの知名よりも，その内容に対するコミュニケーションが重要になると考えられる。

　結婚情報誌は最近やや下降気味であるとはいえ，それでも69.3％のカップルが情報源として利用している。2007年には83.6％が情報源としていたことは驚異的である。また，インターネット利用は近年急速に増加し，PCでの閲覧が58.9％，携帯端末での閲覧が28.3％で，いずれか片方でも利用した割合は68.0％にのぼる。これは結婚情報誌に迫る数字である。

　インターネットは，紙媒体のようにたくさんの情報を盛り込むことが可能である一方，テレビCMのようにイメージを印象づけることもたやすい。他の分野でもそうかもしれないが，これからの展開が期待される。

　通常のコミュニケーション戦略は，メディアを通すか直接行うか，また，有償か無償かによって分けられる広告，パブリシティ，人的販売，口コミの4つを組み合わせたコミュニケーション・ミックス戦略を構築し，そこにセールス・プロモーションも適宜組み合わせつつ実行されることになる（図表8－2）。どのように組み合わせるかは，その対象となる商品の特性，例えば最寄品，買回品，専門品といったカテゴリーに応じて選択される。ブライダルは当然，「専門品」に近い存在であるといえる。

　また，もう1つのポイントとしては，顧客とのコミュニケーションで何を実現したいかである。例えば，当該商品のブランド名を知ってもらうなど，あくまで「認知」に重点を置くのか，あるいは当該商品にいいイメージを持ってもらいたいといった，いわゆる「態度変容」を惹き起こしたいのか，当該商品の購買行動を実現するといった「行動変容」をうながしたいのかによっても，選択される戦略のオプションが変わってくることになる。

　ここで興味深いのは，ブライダル・フェアを情報源としたカップルが

図表 8 − 2　コミュニケーションの分類

	人　的	非人的
有　料	人的販売	広　告
	セールス・プロモーション	
無　料	口コミ	パブリシティ

出所：著者作成。

図表 8 − 3　情報源の時間的推移（複数回答・抜粋）

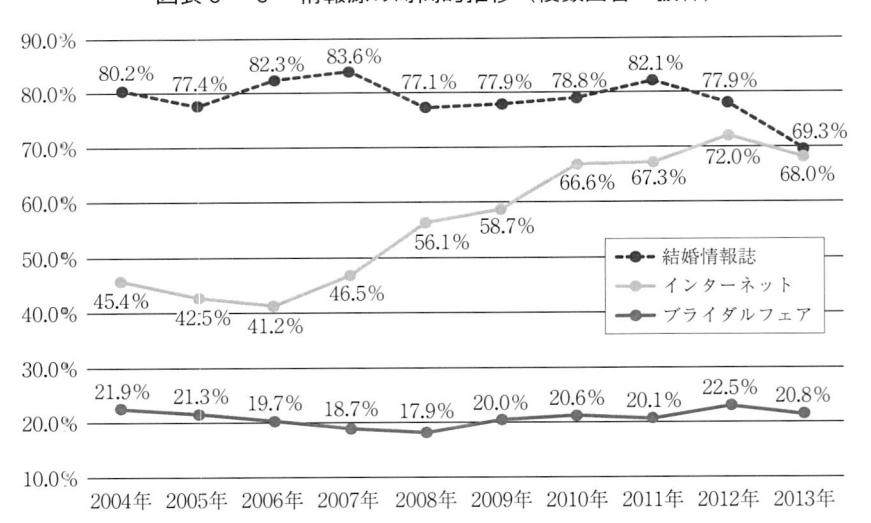

結婚情報誌：2004年 80.2%、2005年 77.4%、2006年 82.3%、2007年 83.6%、2008年 77.1%、2009年 77.9%、2010年 78.8%、2011年 82.1%、2012年 77.9%、2013年 69.3%

インターネット：2004年 45.4%、2005年 42.5%、2006年 41.2%、2007年 46.5%、2008年 56.1%、2009年 58.7%、2010年 66.6%、2011年 67.3%、2012年 72.0%、2013年 68.0%

ブライダルフェア：2004年 21.9%、2005年 21.3%、2006年 19.7%、2007年 18.7%、2008年 17.9%、2009年 20.0%、2010年 20.6%、2011年 20.1%、2012年 22.5%、2013年 20.8%

20％以上いることである。しかも，この数字は2008年（平成20年）前後に若干下がっているが，安定して20％前後を維持している（図表 8 − 3 ）。

　情報誌やインターネットは，あくまで「メディア」を通した間接的コミュニケーションである。特に情報誌の場合には，コストと誌面の大きさの

トレードオフといった制約条件も存在するために，コミュニケーション上の難しさがつきまとうことになる。その意味では，ブライダル・フェアは企業からの直接的なコミュニケーションが可能となる場であり，近年はそこから成約につながることも多い。顧客側で比較的安定的に情報源として利用されていることからも重要性がうかがえるだろう。

ただし，直接的なコミュニケーションということは，いい面のみならず悪い面も直接顧客に伝わってしまう危険性をはらんでいるということでもある。そこで，以下では，ブライダル・フェアにおけるコミュニケーションについて検討していく。

2．フェアにおけるプランナーの前提

挙式・披露宴をせずに婚姻届を出すだけの「お届け婚」を選ぶ新郎新婦が半数近くにのぼっている風潮の中で，結婚式を挙げることを選択する新郎新婦は強い意思と思い入れを持っているといえる。そのため，こうしたカップルの多くは「自分らしい，素晴らしい結婚式をしたい」というこだわりがある。

その新郎新婦に「自分らしい，素晴らしい」ものを提案することで，オプションやアップグレードという形での客単価向上が実現されることになり，それにより利益率を上げるという会社側の目的が達成されることにつながっていく。これは，企業からの視点では，より多くの利益を得るために新郎新婦に「こだわり」を勧めているという現実の1つでもある。

新郎新婦に十分な特別感を抱いてもらうことも，会社に利益をもたらすことも，ともに大切なことである。その意味では，双方を満足させる的確な提案をすることがプランナーの使命であり，こうした使命を果たすことが誇りにつながっていくのである。

しかしながら，金銭面のみで考えると，会社の利益＝新郎新婦の不利益

ともなりかねないため，プランナーは「結婚式」そして「披露宴」の意義を自分なりにきちんととらえ，ブライダルのプロとして会社や自分の仕事，そして新郎新婦とも対峙しなければならないということになる。会社ごとに，魅力も異なれば強みもそれぞれである。こうした点を踏まえての提案が求められることになるわけである。

　ブライダル・フェアにおいて，顧客と対峙する最前線に位置することになるのがプランナーである。前項に照らして考えると，統合的コミュニケーションの１つであるブライダル・フェアにおいて，いわば「人的販売」に近い存在としてのコミュニケーションが求められることになる。その意味では，もちろん会社としての魅力や強みも重要であるが，プランナーの存在感が無視できないのは当然のことであろう。

　そこで，プランナーのポイントを以下にまとめておく。

　第一にプランナーは，結婚式の提案をただのセールスにしないために，結婚式の意義を新郎新婦に伝える役割を持っていることを忘れてはならない。新郎新婦が挙式・披露宴を検討する際には，お互いの趣味嗜好だけでなく経済的な背景も踏まえつつ，お互いが相手の希望や事情を理解しながら，譲ったり譲られたりする中で，新郎新婦間の関係性のマネジメントが行われていくことになる。次に新郎新婦の家族の合意が必要となり，お互いの家族が何を大切にしているのか，出身地による地域性が見えてきたりもするだろう。双方の家族が結納や結婚式の件で打ち合わせをしたりする機会は，お互いの家族が相手の家族の気持ちを理解しあう時間でもあるのだと思う。こうして，今度は新郎新婦の家族を取り巻く関係性のマネジメントも行われていく。

　単に挙式・披露宴だけを成功させるという意識ではなく，新しいカップルの誕生までのプロセスにおける関係性マネジメントを意識することで，より素晴らしい挙式・披露宴が実現されることになるのではないだろうか。

第二に，プランナーには「結婚式当日の幸せ」だけでなく，その先にある「末永い幸せ」のお手伝いをする役目がある。第一のポイントが，いわば当日まで，そして当日における役割だとすれば，実はそれ以降についても忘れてはならないということである。

　結婚式とは結婚という人生の節目に行う通過儀礼であり，新郎新婦が幸せな生活をつつがなく続けようとするとき，新郎新婦にとって大切な方々であるゲスト：招待客の皆様の応援が大きな支えとなる。新郎新婦のどちらかと初対面のゲストは，見た目の印象の良し悪しから，その人の社会性や人間性を判断しようとする。そして，その判断がゲストと新郎新婦との間におけるその後のお付き合いのベースとなる。

　すなわち，プランナーはこれらのことを踏まえて挙式・披露宴の提案をする必要もあるということになる。

　第三に，プランナーは新郎新婦とブライダルに関わるプロ集団たちとをつなぐ，大切な役割を担っている。

　ブライダルは，料飲やサービス，会場設営，衣装，装花，司会，演出，音楽，写真など，さまざまなソフトとハード，数多くの要素を組み合わせることで初めて実現できるものであり，それを完璧に近い形で提供しうるのは，それぞれの分野のプロフェッショナルたちなのである。

　すなわち，新郎新婦の希望を汲みつつ，その実現に向けて，一方では多様なプロたちとの関係性をマネジメントしていかなくてはならないということになる。

　第四に，プランナーはブライダルのプロとして，正確性と信頼性が求められている。

　結婚式を挙げたことのない新郎新婦は，知識は持っていても正確な判断ができるとは限らない。まして，新郎新婦は一生に一度の大イベントに胸が膨らんでおり，自分の思い通りにしたいと思うのも無理からぬことである。

新郎新婦がプランナーの意見を受け入れるのは，担当者をブライダルのプロとして信頼しているからである。信頼するまでの過程において，プランナーの知識だけでなく，人間性までも見て，そして感じている，ということになる。

　まとめると，いい加減ではなく正確な仕事をしてくれるという前提を持ち，信頼を勝ち得ることができるような存在でなくては，プランナーとしての業務を遂行することは困難なのである。

　こうしたことを実現することのできる5つの条件は，以下の通りである。

- 「知識と選択」力
- 「よく観て，よく聴く」力
- 「提案」力
- 「優しい想像」力
- さらに上を目指す「マネジメント」力

　以上を踏まえ，特にブライダルにおける特徴点ともいえる第三のポイントについて次項で考察する。

3．パートナーとの関係性

　第5章で見た通り，セレモニー・ブライダルを成立させるためには多くの外部業者・パートナー企業との関係が重要となる。一般にパートナー企業は，挙式・披露宴会場側との関係において，買い手である挙式・披露宴会場側と売り手であるパートナー企業側という立場のため，関係が非対称になってしまいがちである。パートナー企業が率直な意見を言えるようにすることによってこそ，パートナー企業側もより協力的な対応をしてくれることが期待され，それによって当該挙式・披露宴会場ならではの強みを

生じさせることができるということを忘れてはならない。

　ただし，挙式・披露宴には多様な要素が関わって成り立っているだけに，どこかで当初の予定と異なることが生じてしまうなどし，クレームが生じることもある。こうしたクレームに対しても，どのように対応するかが問われざるをえない。

　気をつける必要があるのは，新郎新婦の期待がきわめて高かった場合には，リクエストに完璧に応えたつもりでもクレームが生じることもあったりするからである。

　一部の施設では，こうしたクレームなどの処理もパートナー企業に丸投げしてしまうケースもあるようだが，それでは新郎新婦の窓口となったはずの自社としての責任を放棄していることにもなるし，パートナー企業との関係もいいものにはなりえない。顧客側のクレームについては責任を持って会場が真摯に対応し，一方でそのクレームが生じた原因について精査したうえで，原因究明と再発防止に努めるよう，パートナー企業との関係づくりをしていかなくてはならない。

　一連の挙式・披露宴を支えているのは，あらゆる分野のプロ集団である。お互いがプロ同士だという仲間意識を持てれば，どんなに厳しい意見を交わしても，それは批判ではなく互いを高めるエールとなる。

　そして，真摯な姿勢で新郎新婦や仲間と向き合っているプロたちは，人間としても素晴らしい品性を持つことになる。すなわち，日々の仕事が人間性を磨くための場にもなっているということになるわけである。

4．来館者が増えるフェアの法則

(1) 企画の前提

　最近は，新規獲得と内覧会を混在させたグランドフェアが再び見直されるようになってきている。こうしたグランドフェアは，自社のブライダル

の魅力や強みをアピールするいい機会であるが，新郎新婦の心を動かすためには，視覚で訴えるものだけでなく，そこで働くプランナーやスタッフたちの人間性もきちんと伝えることが大変重要である。

　フェアは実際の挙式・披露宴と異なり，新郎新婦の要望や予算にとらわれずに企画ができるため，現場経験をフルに活かした個性的な提案や新商品を紹介できる場でもある。そのため，プランナーが変に固定観念を持っていては成功できないという点に注意が必要である。

　ブライダル・フェアは，新規獲得や売上を目指すという一面に加えて，「会社としての新郎新婦と向き合う姿勢」や「人としての仲間と向き合う姿勢」が試され，判断される機会でもある。ということは，フェアにおいて，自社の魅力を体感して確認してもらう機会であるだけでなく，弱みやデメリットを挽回できる機会でもあることを忘れてはならない。そのため，プラスの要素のみならずマイナスの要素も検証して企画を練らなければ，新郎新婦に情報誌やホームページ以上の情報を提供することはできないのである。

　現在のフェアでは，新規獲得が大きな目的となっている。ブライダル情報誌でフェア情報をチェックした新郎新婦が訪れるため，フェアを開催していない会場は客の足が遠のくという懸念が生じかねなくなってきている。

　一方，内覧会は新郎新婦が商品を選ぶ機会だが，知識を備えているプロ集団が商品の価値を伝える場という側面もある。すなわち，この商品で当日を迎えたいという意思形成まで行える場にもなりえる。

（2）実際の企画

　フェアの開催には一般に，そのためのプロジェクト・チームが結成されることが多い。プロジェクト・チームは，会社内各部署およびパートナー企業の代表によって編成され，フェアの企画から，告知，準備実行，フォローまでを担当することになる。

本来，グランドフェアには当該施設の総戦力で臨まなければならないにもかかわらず，実際にはほとんどの施設では一部の人間だけでフェアを「企画」しているのが現状である。そこで，プロジェクト・チームはイベント企画立案だけを目的とするのではなく，企画を進めながら職場の価値観や風土を確認し，社内外の壁を取り払う必要性を実感しつつ，準備を進めながらお互いの人間関係を是正することも大事な目的の1つと意識するようなアプローチが求められるだろう。

（3）プロジェクト・チーム責任者の役割

　一般に，展示コーナーは料理，ドリンク，ケーキなどといった施設側に関係するものと，衣装，ヘアメイク，装花，テーブルクロス，写真，映像，音響，演出，司会，引き出物，引き菓子，ジュエリー，エステ，ペーパーアイテムなどといったパートナー企業側に関係するものなどに分かれる。そのため，来場者の動線を意識しつつ，うまく展示を配置する必要がある。

　もちろん，フェアまでに新商品の提案に関することやフェアに関係するさまざまな目標数値なども検討しなくてはならない。

　フェアの前日には，施設側責任者は各ブースの設営に関する統括をする。そして，フェア当日には，各スペースの集客の状況を随時ブライダル・フェア本部に報告し，新郎新婦の流れをコントロールできるようにする。

　ここで大切なのは，フェアに来た新郎新婦の目的を考えることである。特に，新規の方の目的はたくさんの情報を集めることと，集めた情報を参考にしながら検討することである。誰にも煩わされることなくゆっくりと館内を見たいと望んでいる場合が多々あるため，プランナーはべったりとしたアテンドを行うべきではない。あるホテルでは，グランドフェアで新規の方には一切同行接客せず，その翌週からのミニフェアに再度来館していただき，そこでゆっくりと説明させていただくという企画を立てたりも

している。

5．フェアに関連するアイデア

（1）飲食に関するもの

　フランス料理だけでなく，懐石料理や会席料理といった和食にも当然のことながら食事の作法がある。日本式テーブルマナーについては，あまりよく知らない人も多いため，洋食のマナー同様，いずれかの機会に新郎新婦に伝えることも必要だろう。

　また，ワインの提供時などに，エチケットすなわちボトルに貼り付けられたラベルを各テーブルに置き，ワインを気に入った人に持って帰っていただくのもいいだろう。

　こうしたマナーやお酒に関することは，一般社団法人日本ホテル・レストランサービス技能協会（HRS）や一般社団法人日本ソムリエ協会から講師の派遣をしてもらうことも一考に値しよう。

（2）セミナーやイベント

　グランドフェアの来場につながる態度変容をうながすものとして，セミナーやイベントの開催が挙げられよう。挙式・披露宴会場となる施設が企画するセミナーやイベントには2つのタイプがある。すなわち，「来館のきっかけになるもの」と「長時間の館内滞在につながるもの」である。

　来館のきっかけとなるセミナーとしては，

- 試食会＆食事のマナーセミナー
- 模擬挙式＆ポージングセミナー
- 模擬披露宴＆ポージングセミナー
- 花嫁衣裳の選び方セミナー

- 新スタイルの模擬挙式
- 親御様のためのセミナー
- ギフト＆ラッピングセミナー

などがあるだろう。

　また，長時間滞在につながるセミナーやイベントのポイントは，実は男性である。新婦や新婦の母親ほど，男性側は必ずしもじっくりと会場を見たいと思っているわけではない。そのため，男性側に気を遣うことなく女性側が館内を見学できるように，男性側の時間の使い方に配慮すべきなのである。

- ゆったりとした控室や施設利用オプションの準備
- 新郎のためのセミナー
- 女性限定セミナー

などが挙げられる。控室や施設利用については，例えばスポーツの試合を控室で見られるようにしたり，喫煙可能なスペースを用意したり，施設内のプール，ジム，サウナなどを利用可としたりすることが有効だろう。こうすることで，ずっと同行しなくても構わないようにするのである。また，新郎向けセミナーとしては，ポージング講座など，新郎の興味を惹きやすい企画を考える必要性も生じる。そして，女性限定のセミナーを開催することで，そもそも男性を無理に連れてこないようにしていくといった方向性もありうる。

　他にも，スタンプラリーを実施することで，まんべんなく施設を見たい新婦にきっかけを与えることができる。これは，マーチャンダイジングにおける小売店の動線計画にも通じるアプローチであろう。また，抽選会を開催して，景品に成約後に使用できる割引券を提供することも，行動変容につながるプロモーションとして実施することも視野に入れるのがいいだ

ろう。

6．フェアの注意点とまとめ

（1）タイトル
　どんなに魅力的な企画であってもそれを予感させるタイトルでなければ，新郎新婦はなかなか興味を持ちえない。フェアやイベントのタイトルを考える際には，コンセプトを念頭に置き，会場の特徴のようなハードに関するものと，伝えたい思いなどといったソフトに関するものと，双方の会社の特性を見据えながら考えると効果的である。

（2）動　線
　先に軽く触れたが，動線はきわめて重要である。例えば，ある会場において，空き状況の関係で離れた場所に設置することとなってしまった衣裳店があった。この対策として，来場客の動線を変えるためにイベントを開催して動線をコントロールし，その結果としてこの衣裳店のブースも盛況となった。さらに，この近くの他のブースまで多くの来客があり，イベントの実施によって動線を変えることに成功した。
　パートナー企業の協力あってこそのフェアであるため，パートナー企業のことは当然考慮に入れる必要がある。例えば，どれだけの人数が自社ブースの前を通るかは，営業成績に関わる大きな問題である。

（3）タイムスケジュール
　ベストのタイムスケジュールは，企画内容，施設の規模，施設内の動線など事情が違うので一概にはいえないが，ポイントをいくつか紹介しておきたい。

①　模擬挙式やイベント時間を，スタート時間の30分から1時間後に設定する
②　模擬挙式は，キリスト教式と，人前式もしくは神前式を交互に入れる
③　午前と午後の境に目玉となるイベントを組む

（4）まとめ
　フェアという企画も，当然のことながら目標到達のためにある。フェア当日の仮予約，成約数，商品売上の目標を設定し，その目標に照準を合わせた接客体制を決め，それからフェア内容とタイムスケジュールを決めるという順番にすれば，ブレのないフェアが構築できる。
　すべての要素を検討しながら，どの企画を選択して，どのように具現化するかを決めていなければ「自己満足」のフェアになる恐れがある。プロジェクト・チームが中心になり，さまざまな立場や各セクションの希望あるいは要望をつぶさに聞き取り，全体を見渡しつつ総合的に判断することが重要である。

※本章は，遠山詳胡子［2008］『ブライダル・フェア　マニュアル』キクロス出版．の第1章から第3章の一部を加筆・改変したものである。さらに詳しいフェアに関する内容については，同書を参照されたい。

（遠山詳胡子）

【注】
1）以下，特記以外の数字は『ゼクシィ結婚トレンド調査　2013』より。

第9章

トライアド・モデルでとらえるブライダル

1．複雑な主体間関係

　これまで述べてきたことで，ブライダルを取り巻く主体がきわめて多岐にわたり，それぞれの関係がきわめて複雑であることがおわかりいただけたことと思う。

　プレブライダルにおいては，新郎新婦は多様な相手との取引が必要となるが，いずれも新郎新婦と提供業者との関係であり，すべては相対のシンプルなものばかりである。かつ，その取引のほとんどは物財であり，事前の品質評価もしやすいことが多く，相対的に不確実性は高くないといえる（図表9－1）。

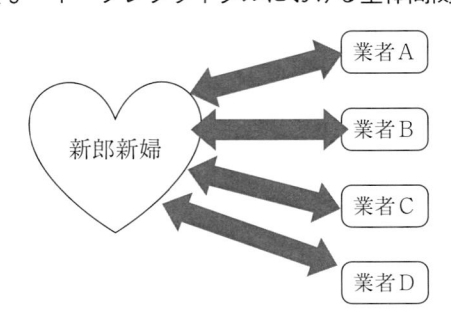

図表9－1　プレブライダルにおける主体間関係性

※各矢印は，相対的に不確実性は高くない。
出所：著者作成。

第9章　トライアド・モデルでとらえるブライダル　◎── 117

図表9-2　セレモニー・ブライダルにおける主体間関係性

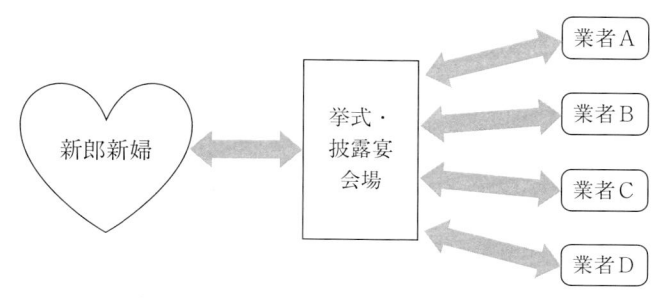

```
                                    ┌──────┐
                              ┌────→│業者A  │
                              │     └──────┘
                              │     ┌──────┐
  ♡              ┌──────┐    ├────→│業者B  │
 新郎新婦 ←────→│挙式・ │←──┤     └──────┘
                 │披露宴 │    │     ┌──────┐
                 │会場   │    ├────→│業者C  │
                 └──────┘    │     └──────┘
                              │     ┌──────┐
                              └────→│業者D  │
                                    └──────┘
```

※各矢印は，相対的に不確実性が高い。
出所：著者作成。

　一方，セレモニー・ブライダルにおいて直接取引をするのは，新郎新婦と挙式・披露宴会場とであり，その他の主体について新郎新婦はあまり意識を向けることなく話が進んでいくことになる。その分，多様な取引をしなくてはならないのは挙式・披露宴会場側ということになる。そのうえ，いずれの取引もサービス，すなわちプロセスそのものに関するものとなり，相対的に不確実性が高いといえるだろう（図表9-2）。
　挙式・披露宴を成り立たせるために多くの業者が必要とされることは第5章で述べた通りであるが，新郎新婦が個別に取引をするわけではないので，挙式・披露宴会場はそれぞれの業者との多様な関係に意識を向けておく必要が生じるのである。そして，1つの挙式・披露宴を成立させるために，細かな「パーツ」としてのサービスと，その周辺のモノの要素とをうまく組み合わせていく必要が生じることになる。
　こうした主体間の関係については，マーケティング論において関係性概念をもとにした分析が多くなされるようになってきているが，同じ関係性概念でも，ホスピタリティ・マネジメントの観点からはこの不確実性というキーワードがポイントとなってくる。そこで，少し違うアプローチによって，ブライダルの環境について考察していきたい。

2．セレモニー・ブライダルにおける関係性マネジメント

（1）外部業者との関係性

ここで，第3章で確認した，挙式・披露宴における金額の内訳を再掲しておきたい。

挙式料が31.4万円，披露宴の料理・飲料が122.1万円，新婦の衣裳に42万円（ウエディング・ドレス24.9万，カラードレス20.5万，白無垢17.8万，色打ち掛け26.5万など），新郎の衣裳に15.2万円（タキシード12.1万，フロックコート11.7万，紋服10.3万など），司会者に7.1万円（プロに依頼した場合），親へのギフトに3.6万円，映像を使った余興や演出に6.8万円，ブーケ5.1万円，ヘアメイク8.4万円，引出物を含むギフト33.5万円，会場装花18.4万円，写真21.2万円，ビデオ18.7万円，その他，招待状，席札・席次表・メニュー表，プロフィールパンフレット，ウェルカムボードなどのアイテムなど，となっている（ただし，上記は回答者分のみ）。

この中で，挙式料や披露宴の料理・飲料については，当然のことながら挙式・披露宴会場側でほとんどの場合には用意することが可能である。レストラン・ウエディングの場合でも，人前式によって挙式対応もすることができる。ただ，逆に神社，寺院，教会のような存在は，披露宴については別の会場が使われることになる。

その他の要素については，多くが外部業者に委託をして手配してもらうことになる。なぜこのようなことになるかというと，外部業者はいくつもの挙式・披露宴会場と提携することで規模の利益を享受することが可能となり，一方で挙式・披露宴会場は，外部業者に部分的に委託することで，内部化による固定費の上昇をおさえ，リスクを軽減することが可能となるからである（図表9-3）。

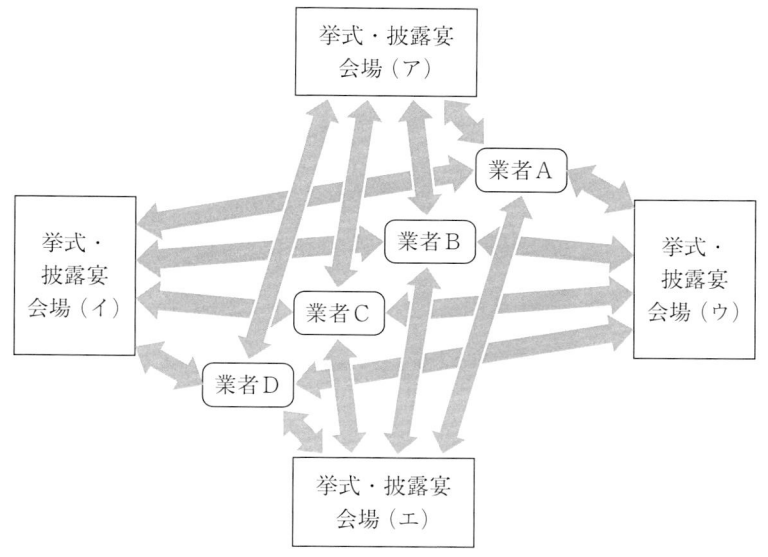

図表9－3　挙式・披露宴会場と外部業者との関係（1）

[挙式・披露宴会場（ア）、挙式・披露宴会場（イ）、挙式・披露宴会場（ウ）、挙式・披露宴会場（エ）、業者A、業者B、業者C、業者Dの関係図]

出所：著者作成。

　最近では，付随するさまざまなグッズを一括で扱う業者も現れるなどし，外部業者が水平展開するようにもなってきている。しかし，衣裳や演出といったような，その時々での流行を敏感に取り入れなければならない要素なども多くあるため，これからもこうした外部業者の重要性は変わらないと思われる。

　さて，図表9－3では各矢印を同じ色で示したが，こうした関係性における不確実性は，それぞれ高低があるのは当然である。ギフト類や札類のような，モノとしての商品であり事前にチェック可能な要素については，不確実性を低減しやすいといえる。しかしながら，同じモノとしての商品でも，衣裳のように着る人によってイメージが左右されるものや，ブーケや装花のように工業製品ではないものの場合には，どうしても不確実性が

図表 9 − 4　挙式・披露宴会場と外部業者との関係（2）

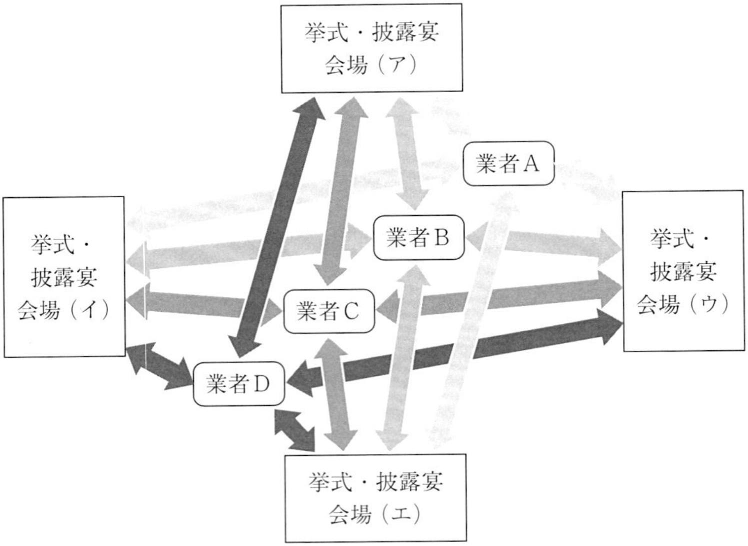

出所：著者作成。

生じざるをえなくなってしまう。さらに，席札のように，一人ひとりに合わせて用意しなければならないもののように，不確実性は高くないはずだが，やり取りにおいてミスが生じやすいものも存在する。加えて，余興・演出や司会，写真・ビデオなどのようにプロセスそのものとしての要素については，より一層の不確実性が生じることになる。

　こうした，不確実性の高低を軸として関係性を把握しておくことで，顧客のクレームにつながりやすい要因が明確にあぶりだされることになってくる。そしてまた，クレームとなりにくい部分については，プランナーの負担を軽減することにもつながるのである。

（2）顧客との関係性

　最近ではあまりなくなったようであるが，かつての購買意思決定者は，必ずしも新郎新婦とは限らなかった。いずれか，あるいは両方の両親や親類，そして仲人たちもまた，挙式・披露宴に関わるさまざまな意思決定者でもあったのである。

　その影響は挙式・披露宴の招待客の人選にまで及び，例えば新郎新婦のいずれもが直接会ったこともない地元選出の国会議員が主賓となったりすることまであったようである（現在でも，一部の地域ではこのような状況にあまり変化がないところもある）。かつての招待客は，新郎新婦の職場関係者，取引先などが中心となりつつ，親類縁者，そして友人知人と続いていた。今では幼稚園，小学校，中学校，高校，大学の友人知人がそれぞれテーブルを１つずつ用意されたりすることも珍しくなくなったが，かつてのような，結婚における「家と家との結びつき」という要素が強かった時代には，友人知人はごくごく親しい一握りの人たちだけということも多かったのである。

　この変化は当然，挙式・披露宴の進行にも変化を及ぼすことになった。プライベートな式を重視することから，「自分たちだけの」オーダーメイドな雰囲気作りが重視されるようになり，それを実現するためにも，さまざまな演出が行われるようになったことは第５章でも考察した通りである。

　しかしながら，仕事上，親類といった集団は，公式集団としての性格を持ち，それぞれの関係性がかなり確実なものとして存在している（図表９−５）。一方，友人知人関係においては，個々の関係はそれぞれの特性を持って成り立っており，全体として眺めた場合に非常に不確実性が高いといわざるをえない（図表９−６）。

図表9－5　新郎新婦を取り巻く構図（1）

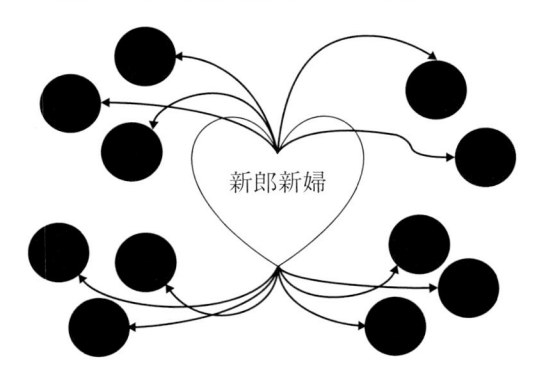

図表9－6　新郎新婦を取り巻く構図（2）

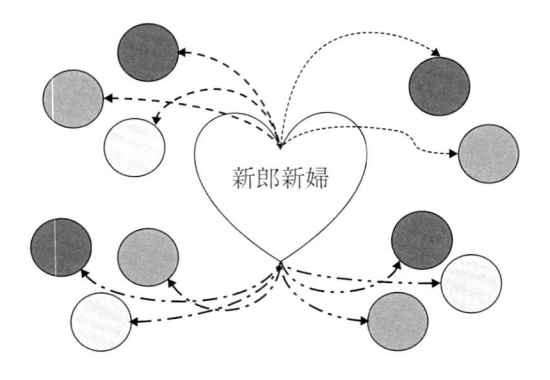

出所：いずれも著者作成。

（3）トータルで眺めた関係性

　以上，挙式・披露宴会場，新郎新婦，招待客，外部業者を含めた全体の構図は図表9－7のようになる。

図表9－7

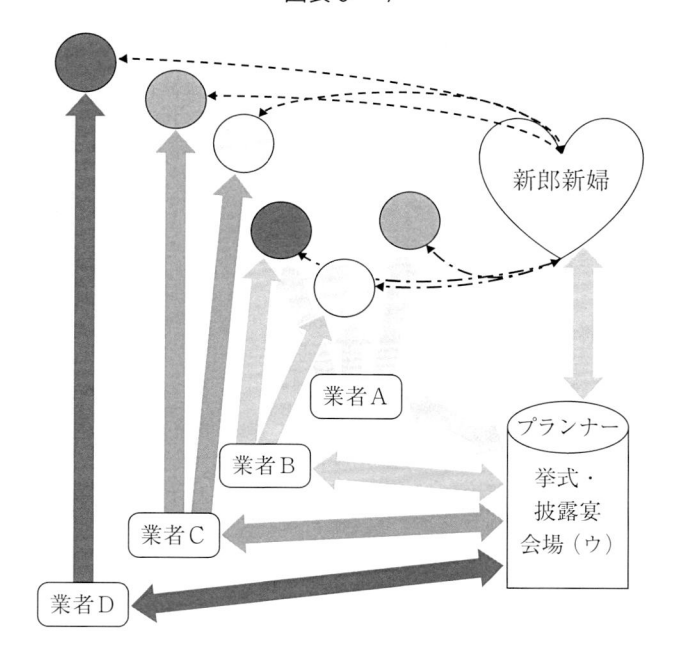

出所：著者作成。

　このようにして不確実性の高くない要素，例えば業者Dに関する要素については，ある程度の資料をきちんと用意していさえすれば対応可能であるため，プランナーの負担は減ることになる。その分の労力を，業者Aや業者Bといった不確実性の高い要素を扱うところに向けることが可能になる。

　顧客のクレームが生じやすいのは，やはり不確実性の高い要素であるだろう。しかしながら，不確実性が高い面があるからこそ，ホスピタリティの実現にもつながっていくのである。

　この辺りの議論については，徳江［2012］に詳しいが，われわれがホス

ピタリティを感じるのは，不確実性の高い環境において，関係性をマネジメントしえたときなのである。管理側はえてして不確実性をとことんまで減らそうとすることも多いが，むしろ，ブライダルにおいてはこのような不確実性の存在は当然のこととして受け止め，それを活かすためにも，顧客との相互信頼関係をうまく醸成できるように努めることが重要である。顧客のリクエストにただ応える，できないことをただ説明するだけでは，単なる安心保障関係であり，このような関係のもとでは価格競争のような状況にもなりかねず，さらにはちょっとしたミスも大きなクレームとなってしまいがちである。

　顧客は，企業側の「意図に対する安心感」と「能力に対する安心感」との双方が揃って初めて本当の意味で企業を「信頼」するのである。そして，その最前線にいるのがプランナーたちということになる。一方，実際に挙式・披露宴が実施されるにあたっては，多くの外部業者との関係性も重要になるが，ここでも同様に，「意図に対する安心感」と「能力に対する安心感」とが必要とされることになる。もしも，外部業者との間で上下関係的な状況となってしまった場合には，これは安心保障関係ということになってしまうので，特に不確実性の高い状況における協力的対応については，まず期待できなくなってしまうだろう。

　その意味でも，ブライダル企業，とりわけ挙式・披露宴会場の運営企業は，本当の意味での信頼について意識を持ち，多くの主体との関係性をうまくマネジメントすることを目指していかなければならない。

（徳江順一郎）

あとがき

　自分自身の学生時代を振り返ったとき，「ブライダル」というキーワードを聞いた記憶はあまりない。特に，大学は経営学科に所属していたが，「ブライダル」をテーマとした科目も存在せず，自身の記憶ではゲスト・スピーカーとしてご登壇された方もいなかったように思う。

　それが，いまや日本中の多くの大学で「ブライダル」あるいは「セレモニー」といった科目が設置され，多くの学生がこの産業を目指して学ぶようになった。東洋大学国際観光学科においても同様であり，現在ではそれを一歩進めて，大学院でもブライダル関連の修士論文での修士学位取得に一層力を入れるようになってきている。こうした高等教育機関における変化自体は素晴らしいことであると思われるが，一方で，学術的な研究については，まだ始まったばかりというのが正直なところである。

　著者らが所属する余暇ツーリズム学会においては，ブライダル部会を立ち上げ，日々，学術的な見地からの研究に努めているが，そのための基盤となるべく，基礎的な理論を中心として本書にまとめることにした。ブライダルに関わる基礎的なことは，可能な限り網羅したつもりである。

　ただし，ブライダルの現場は日々，大きな変化を遂げ続けていることは忘れてはならない。若い感性を中心に，日々のイノベーションを続けている企業によって，この産業が成長してきたことは，誰もが心にとどめておくべきことだろう。同時に，日々，現場で奮闘しているスタッフたちの存在があって業界が成り立っていることも，決して忘れてはならないだろう。

　本書の刊行にあたっては，日本国際観光学会会長・東洋大学教授の松園

俊志先生，余暇ツーリズム学会会長で同じく東洋大学教授の飯嶋好彦先生の多大なるご支援を賜った。この場を借りて心からの御礼を申し上げたい。また，余暇ツーリズム学会が合併する前のツーリズム学会会長だった井上博文先生（東洋大学名誉教授・東京成徳大学教授）には，日頃から研究・教育に関してさまざまなアドバイスをいただき，私たちの研究の羅針盤的な役割を果たしていただいている。そして，公益社団法人日本ブライダル文化振興協会会長で富士屋ホテル株式会社代表取締役社長の勝俣伸氏には，日頃からさまざまな情報提供をしていただき，かつ多くの機会も与えていただいた。さらに，株式会社リクルートマーケティングパートナーズにおいて，ブライダル総研所長を務められている田中巌氏には，日頃の研究も含め，資料の出典について大変なお世話になった。加えて，株式会社創成社で編集をご担当いただいた西田徹氏には，いつもながら原稿の遅れによって大いにご迷惑をおかけした。深くお詫び申し上げたい。

　他にも大変多くの方々のご助力のもとで，本書は刊行されるに至った。紙幅の関係上，一人ひとりのお名前を挙げて御礼を述べることができず大変心苦しいが，ご容赦いただけると幸いである。

　最後に，本書が，ブライダル業界の成長の一助となり，海外をも含めた幅広い展開による業界の成長に寄与することを願いつつ，筆を置きたいと思う。

2014年8月

著者を代表して
徳江順一郎

主要参考文献

[第1章]
ボイス情報「ブライダル研究チーム」企画・編集（1990）『ブライダルマーケットの総合分析』ボイス情報.
『'81ブライダルマーケットの現状分析と将来性～結婚式場マーケットの地域分析～』矢野経済研究所，1981年.
『婚礼・ブライダル施設インダストリーデータ2006』綜合ユニコム，2006年.
『ゼクシィ結婚トレンド調査』リクルート，各年度.
『ブライダル産業白書2007年版』矢野経済研究所，2006年.

[第2章]
田澤昌枝・境　新一（2004）「挙式・披露宴におけるブライダルビジネスの現状と戦略」『東京家政学院大学紀要』第44号，pp.90-110.
山田慎也（2014）「結婚式場の成立と永島婚礼会」，国立歴史民俗博物館編『国立歴史民俗博物館研究報告』第183集，国立歴史民俗博物館，pp.209-229.
森下みさ子（1992）『江戸の花嫁』中央公論社.
『帝国ホテル百年の歩み』帝国ホテル.

[第3章]
野田兼義（2010）『ブライダル営業現場従業員の動機づけに係る研究―従業員の規範となる管理職のあり方―』東洋大学大学院国際地域学研究科国際観光学専攻修士論文.
『ゼクシィ結婚トレンド調査　首都圏』リクルート，各年度.
『'81ブライダルマーケットの現状分析と将来性～結婚式場マーケットの地域分析～』矢野経済研究所，1981年.
『ブライダルマーケットの総合分析』ボイス情報，1990年.

[第 4 章]

『ゼクシィ結婚トレンド調査 首都圏』リクルート，各年度．

[第 5 章]

五十嵐太郎・村瀬良太（2007）『「結婚式教会」の誕生』春秋社．
石井研二（2005）『結婚式 幸せを創る儀式』日本放送出版協会．
帝国ホテル編（1990）『帝国ホテル百年の歩み』帝国ホテル．
徳江順一郎編著（2011）『サービス＆ホスピタリティ・マネジメント』産業能率大学出版部．
ボイス情報「ブライダル研究チーム」企画・編集（1990）『ブライダルマーケットの総合分析』ボイス情報．
『'81ブライダルマーケットの現状分析と将来性〜結婚式場マーケットの地域分析〜』矢野経済研究所，1981年．
『ウエディングジャーナル』リフレクション，2010年11月号．
『婚礼・ブライダル施設インダストリーデータ2006』綜合ユニコム，2006年．
『新ブライダル施設の開発・再生計画・運営実態資料集』綜合ユニコム，2005年．
『ゼクシィ結婚トレンド調査』リクルート，各年度・各地域．
『特定サービス産業実態調査報告書 結婚式場編平成14年』経済産業政策局，2003年．
『特定サービス産業実態調査報告書 結婚式場編平成17年』経済産業政策局，2006年．
『ブライダル産業白書2007年版』矢野経済研究所，2006年．
『HOTERES Wedding』オータパブリケイションズ，2010年6・7月号．

[第 6 章]

『ゼクシィ海外ウエディング調査』リクルートマーケティングパートナーズ ブライダル事業本部 ブライダル総研，各年度．

[第 7 章]

バート・ヴァン ローイ，ローランド・ヴァン・ディードンク，ポール・ゲンメル著，白井義男監修，平林 祥訳（2004）『サービス・マネジメント―統合的アプローチ』ピアソン・エデュケーション．

[第 9 章]

徳江順一郎（2012）『ホスピタリティ・マネジメント』同文舘出版.

索　引

ア

安心保障関係 …………………………124
エージェント ……………………… 7, 33
小笠原家 ………………………………11
お届け婚 ……………………………105
お見合い ………………………………33

カ

外部業者 ………………………64, 108, 118
買回品 …………………………………35
関係性のマネジメント ………………106
挙式 ………………………… 12, 23, 41
キリスト教式 ………………………14, 49
金屏風 ……………………………48, 76
公家故実 ………………………………11
グランサンク …………………………38
グランドフェア ………………………109
ゲストハウス …………………… 21, 44
結婚式教会 ……………………………42
結婚紹介所 ……………………………33
結婚情報サービス ……………………31
結婚情報誌 …………………… 35, 103
結婚指輪 ……………………… 23, 37
公式集団 ……………………………121
行動変容 …………………… 103, 113
互助会 …………………………………7
こだわり婚 ……………………………66
婚姻件数 ………………………………2

サ

婚姻率 …………………………………2
ゴンドラ ………………………………19
婚約記念品 ……………………………34
婚約指輪 ……………………… 23, 34

司会 ……………………………………63
ジミ婚 …………………… 8, 19, 45, 58
出生数 …………………………………1
出生率 …………………………………1
少子化 …………………………………1
初婚年齢 ………………………………4
新婚旅行 ………………………………23
神前式 ……………………………14, 49
人前式 …………………………………49
世界５大ジュエラー …………………38
施工 ……………………………………90
セレモニー・ブライダル ……8, 27, 117
　———市場 …………………… 41, 47
専門式場 …………………………… 7, 43
専門品 ………………………… 35, 103
総合結婚式場 ………………… 17, 43
相互信頼関係 ………………………124

タ

第一次ベビーブーム …………………1
態度変容 ……………………………103
第二次ベビーブーム …………………1
団塊ジュニア …………………………1

団塊の世代 …………………………1	武家故実……………………………11
仲介・斡旋業者 ……………………7	仏前式……………………………14, 49
トライアド・モデル ……………116	プランナー ………61, 78, 91, 95, 105
	ブレッシング………………………65
	プレブライダル ………………27, 116
	──市場……………………………31
	ホテル………………………………42

ナ

永島式結婚式……………………………15
仲人……………………………………47, 58
ニューライフ……………………………27

ハ

配膳会……………………………………62
ハウスウエディング………………21, 44
パッケージ化……………………………15
ハデ婚……………………………19, 58, 66
パートナー企業………………………108
ハネムーン ……………………………9, 27
パリ5大宝飾店…………………………38
晩婚化…………………………………1, 4
非婚化…………………………………1, 4
披露宴………………………………12, 23, 41
フォトツアー……………………………67

マ

婿入り……………………………………12
最寄品……………………………………35

ヤ

結納………………………………………38
有職故実…………………………………11
嫁入り……………………………………12

ラ

リーガル・ウエディング………………73
レストラン・ウエディング ……9, 21, 45

《著者紹介》
徳江順一郎（編者）（とくえ・じゅんいちろう）担当：第1章～第5章，第9章
　　上智大学経済学部経営学科卒業。
　　早稲田大学大学院商学研究科修士課程修了。
　　大学院在学中に起業し，長野経済短期大学，産業能率大学，高崎経済大学，桜美林大学などの非常勤講師を経て，現在，
　　東洋大学国際地域学部国際観光学科／
　　東洋大学大学院国際地域学研究科国際観光学専攻准教授
　　余暇ツーリズム学会常任理事・事務局長。
　　『ホテルと旅館の事業展開』（創成社），『ホスピタリティ・マネジメント』『ホテル経営概論』（同文舘出版），『サービス＆ホスピタリティ・マネジメント』（産業能率大学出版部）など著書・編著書・学術論文多数。

遠山詳胡子（とおやま・しょうこ）担当：第8章
　　公益社団法人日本ブライダル文化振興協会による初代ブライダルマスター（現：ザ・マスター・オブ・ブライダル・コーディネーター）を取得。
　　ブライダルコーディネーター養成講座，ブライダルマネジメント講座講師，ソニー学園湘北短期大学非常勤講師を経て，現在，
　　株式会社エムシイエス代表取締役，兼
　　東洋大学国際地域学部国際観光学科非常勤講師。
　　『ブライダル・フェア　マニュアル』『プランナーズ　マジック』『ウェディング　マジック』（キクロス出版），『骨太サービスを創るメンタルマネジメント』（オータパブリケイションズ），など著書多数。

野田兼義（のだ・かねよし）担当：第7章
　　東京農業大学農学部農業拓殖学科卒業。
　　東洋大学国際地域学部国際観光専攻修士課程修了。
　　青年海外協力隊，JICA国際協力事業団などでタンザニアに派遣，Dar es Salaam University 農学部講師を務める。その後，さまざまな公益法人等の理事・役員等を務め，
　　1995年（平成7年）より社団法人日本ブライダル事業振興協会　専務理事・事務局長に就任したが，同法人は2012年（平成24年）より公益社団法人となり，現在，
　　公益社団法人日本ブライダル文化振興協会専務理事・事務局長。
　　日本パーソナルカラリスト協会会長，日本ホスピタリティ・サービス産業団体協議会（JHSIC／JSC）会長，日本ホテル・レストランサービス技能協会（HRS）理事なども兼任。

森下恵子（もりした・さとこ）担当：第6章
　　名古屋大学経済学部経営学科卒業。
　　株式会社リクルート入社。
　　『ゼクシィ』首都圏版，茨城栃木群馬版，上海版，ゼクシィインテリア等の編集・企画を経て，『ゼクシィ海外ウエディング』，『ゼクシィ国内リゾートウエディング』2誌の編集長に。退社後，
　　ハワイ州観光局ウエディングアドバイザーに就任する一方，地方都市の観光領域コンサルタントや旅行会社のアドバイザーを行う。

（検印省略）

2014年11月20日　初版発行　　　　　　　　　　　略称−ブライダル

ブライダル・ホスピタリティ・マネジメント

編著者　徳江順一郎

発行者　塚田　尚寛

発行所　東京都文京区春日2−13−1　株式会社　創　成　社

電　話 03（3868）3867　　F A X 03（5802）6802
出版部 03（3868）3857　　F A X 03（5802）6801
http://www.books-sosei.com　振　替 00150-9-191261

定価はカバーに表示してあります。

©2014　Junichiro Tokue　　組版：でーた工房　印刷：エーヴィスシステムズ
ISBN978-4-7944-2444-0 C3034　製本：宮製本所
Printed in Japan　　　　　　　落丁・乱丁本はお取り替えいたします。

──────── 経 営 選 書 ────────

ブライダル・ホスピタリティ・マネジメント	德江 順一郎	編著	1,500円
ホテルと旅館の事業展開	德江 順一郎	著	1,800円
訪日観光の教科書	髙井 典子／赤堀 浩一郎	著	2,100円
おもてなしの経営学［実践編］ ―宮城のおかみが語るサービス経営の極意―	東北学院大学経営学部 おもてなし研究チーム／みやぎ おかみ会	編著／協力	1,600円
おもてなしの経営学［理論編］ ―旅館経営への複合的アプローチ―	東北学院大学経営学部 おもてなし研究チーム	著	1,600円
おもてなしの経営学［震災編］ ―東日本大震災下で輝いたおもてなしの心―	東北学院大学経営学部 おもてなし研究チーム／みやぎ おかみ会	編著／協力	1,600円
東北地方と自動車産業 ―トヨタ国内第3の拠点をめぐって―	折原 伸哉／目代 武史／村山 貴俊	編著	3,600円
経営戦略 ―環境適応から環境創造へ―	伊藤 賢次	著	2,000円
現代生産マネジメント ―TPS（トヨタ生産方式）を中心として―	伊藤 賢次	著	2,000円
転職とキャリアの研究 ―組織間キャリア発達の観点から―	山本 寛	著	3,200円
昇進の研究 ―キャリア・プラトー現象の観点から―	山本 寛	著	3,200円
経営財務論	小山 明宏	著	3,000円
イノベーションと組織	首藤 禎史／伊藤 友章／平安山 英成	訳	2,400円
経営情報システムとビジネスプロセス管理	大場 允晶／藤川 裕晃	編著	2,500円
グローバル経営リスク管理論 ―ポリティカル・リスクおよび異文化ビジネス・トラブルとその回避戦略―	大泉 常長	著	2,400円

（本体価格）

──────── 創 成 社 ────────